10,142

RAPPORT D'EXPERTS.

DORNIER — DORNIER.

TABLE DES CHAPITRES

CONTENUS

DANS LE RAPPORT QUI SUIT.

                                                  Pages.

Compte de M. Alexandre-François-Bernard Dornier 4
   Id.   de M. Claude-Pierre-Joseph Dornier. 21
   Id.   de M. Louis-Philippe Dornier 28
   Id.   de M. Jean-Baptiste-Auguste Dornier 34
Articles en dehors des conclusions contre M. Auguste Dornier 52
Compte de Mme de Lejeas, née Dornier. 57
   Id.   de Mme Camille Moine, née Dornier 65
Succession de M. Dornier aîné 73
Affaire Coutenet. 74
Conclusions reconventionnelles de M. Auguste Dornier 75
Récapitulation — M. Alexandre-François-Bernard Dornier 79
       Id.   M. Joseph Dorr 79
       Id.   M. Louis Dorni. 80
       Id.   M. Auguste Dornier 80
       Id.   Mme de Lejeas 82
       Id.   Mme Camille Moine 83
       Id.   Succession Dornier aîné 83

RAPPORT D'EXPERTS.

EXTRAIT DES MINUTES

DU GREFFE DU TRIBUNAL CIVIL DE PREMIÈRE INSTANCE SÉANT A GRAY,

Chef-lieu du premier Arrondissement communal du département de la Haute-Saône.

L'an 1856, le lundi 1 mars, à Gray, se sont assignés Joseph Gaudemet, négociant; Jean-Baptiste Bernard; Charles Poussey, ancien notaire, et Jean-Baptiste Bergeret, ancien négociant, tous trois domiciliés à Gray, experts nommés, par jugement du Tribunal civil de ladite ville, en date des 6 avril 1852, 29 août 1854, dans l'instance pendante entre les héritiers de Mme Catherine Rochet, veuve Dornier, au sujet de la liquidation de la succession de ladite dame, à l'effet de procéder à l'examen de tous les livres de Mme Dornier, et particulièrement de ceux indiqués par le demandeur dans ses conclusions, afin de vérifier quelles sont les sommes versées à ses héritiers, à quel titre que ce soit, et par quelles personnes; si les sommes réclamées par le demandeur à ses co-héritiers sont véritablement dues; à qui ces sommes ou valeurs ont été remises; si elles ont été payées aux défendeurs ou à des tiers; à quelles dates et pour quelles causes elles ont été déboursées; si ces sommes ont été remboursées en tout ou partie par les défendeurs;

Lesquels experts, après avoir prêté serment en la forme de la loi, ainsi que cela résulte des procès-verbaux dressés par le greffier du Tribunal civil de Gray, en date des 11 décembre 1855 et 11 mars 1856, se sont réunis ce présent jour, époque fixée au dernier procès-verbal précité pour commencer les opérations pour lesquelles ils ont été commis.

A cette première réunion assistaient Me Dard, avoué de M. Jean-Charles, dit Alfred Dornier, demandeur, et Me Tournier, avoué de M. Jean-Baptiste-Auguste Dornier, l'un des défendeurs, lesquels ont donné aux experts quelques renseignements étant à leur connaissance et pouvant les guider dans l'exécution de leur mission.

En conséquence, lesdits experts ont déclaré ouvert le procès-verbal de leurs opérations, et ont procédé à celles-ci, ledit jour et jours suivants, de la manière qui va être dit :

Pour satisfaire au dispositif du jugement du 6 avril 1852, qui fixe la nature et l'étendue de leur mission, les experts ont dû d'abord compulser les journaux, les copies de lettres et autres principaux livres de la maison Dornier, les suivre jour par jour, ligne par ligne, et y relever tous les articles qui, directement ou indirectement, concernent l'un ou l'autre des héritiers Dornier.

Indépendamment des termes exprès du jugement précité, les experts ont été déterminés à suivre cette marche, quoique fort longue, par les considérations ci-après :

Les journaux, depuis 1819, première date de ceux mis à leur disposition, jusqu'en 1855, époque de la nomination d'un administrateur provisoire des biens de Mme Dornier, sont très irrégulièrement tenus ; dans beaucoup de leurs parties ce ne sont que de simples notes dont il faut rechercher la signification, et qui n'ont été suivies d'aucune écriture sur le grand livre.

D'autre part, les grands livres ne peuvent en aucune façon donner la situation réelle de chacun des enfants Dornier, attendu que pour beaucoup d'articles, c'est un des enfants Dornier qui est débité au journal, tandis que sur le grand livre c'est Mme Dornier qui est débitée ; puis, aux époques où les livres sont plus régulièrement tenus, souvent le report du journal au grand livre se fait en bloquant plusieurs articles, de telle sorte que ce n'est qu'en compulsant le journal qu'on peut se rendre compte des écritures et des opérations qui les ont motivées.

Cet examen avait besoin d'être fait avec d'autant plus de soin, que dans la plupart des cas ce n'est qu'en lisant avec attention la rédaction d'un article, que l'on pouvait s'apercevoir qu'il concernait une des parties au procès.

Après avoir relevé toutes les écritures des journaux concernant chacun des enfants Dornier, les experts ont dû les soumettre à un premier examen, afin de réunir pour chaque enfant les articles le concernant, de manière à pouvoir les présenter au Tribunal sous la forme d'un tableau, faisant observer qu'ils n'ont pas compris dans ces relevés les articles qui ont fait l'objet d'un compte ouvert à celui que ces articles concernaient, lorsqu'il s'est trouvé régulièrement suivi et balancé.

Puis, les experts ont repris chacun des articles présentant quelques difficultés, pour les soumettre à un examen plus approfondi et plus minutieux. En dressant leur procès-verbal, les experts ont suivi d'abord, pour chacune des parties au procès, l'ordre suivi dans les conclusions du demandeur, et ils ont signalé ensuite, par ordre de date, les articles qui, relevés par eux, ne figurent pas auxdites conclusions.

Les experts croient devoir faire observer que, malgré tous leurs efforts, ils n'ont pu se procurer tous les documents dont ils avaient besoin pour remplir leur mission d'une manière complète. Plusieurs copies de lettres manquent; une grande partie adressées à Mme Dornier ne leur a pas été communiquée. Aucun de la gestion de M. Voillard n'a été mis à leur disposition; tout à cette gestion a été porté en bloc sur les livres de l'usine. de telle sorte que les experts n'ont rien pu y trouver qui puisse faire connaître la situation particulière de chacun des enfants Dornier pendant cette gestion.

Les experts croient devoir s'expliquer sur le degré de confiance que doit, selon eux, inspirer un certain petit livre intitulé Comptes particuliers, et désigné sous le nom de petit livre vert, lequel joue un grand rôle dans les opérations qu'ils ont eu à examiner.

Ce livre, quoiqu'il fournisse des renseignements précieux, soit en mettant sur la voie de certaines opérations, soit en servant à les éclairer, ne présente cependant pas, dans l'opinion des experts, toutes les garanties d'une comptabilité régulière.

Destiné à recevoir les écritures, ou plutôt des notes relatives aux affaires personnelles de Mme Dornier, ce livre, d'après ce que les experts ont cru reconnaître, mentionne non-seulement les sommes et valeurs qui ont pu être versées par les enfants, mais encore des sommes dont le versement leur a paru douteux.

M. Alexandre-François-Bernard Dornier.

A partir du 17 octobre 1820, M. Dornier puîné a, sur les livres de l'usine, un compte ouvert qui continue d'année en année, se balance, au 30 avril 1835, par un solde en faveur de sa mère de 13,920 fr. 46 c., lequel est reporté à nouveau; depuis cette dernière époque, le compte de M. Alexandre Dornier a été, comme tous les autres comptes, tenu avec la précision qui devait résulter de la nouvelle administration.

Les experts n'ont vu aucune utilité à reproduire le compte courant de M. Dornier. Ils rappelleront seul... ... ... sur les livres qui ne figurent pas dans ce compte.

1° 1809 déc. 26. Au débit de ... Dornier, solde ... compte de Dornier puîné av... M. Robin, de ..., 24,140 francs, ci . . . . 24,140 »

2° 1820 déc. 5. Compté par ...llot à Faivre et ...sé par celui-ci à ... on, de Chargey ... la décharge ... Dornier puîné, 1...524 fr. 11 c., ... 10,524 11

3° 1821 févr. 19. Reçu de B... ...llot et Colin, et q... aivre a porté à L... ...n, de Chargey, 3... décharge de M. D...er puîné, 10,787 fr. 21 c., ci 10,787 21

          A reporter. . . 45,451 32

| | | Report. . . | 45,451 32 |

4° 1821 mai 18. Compté par les mêmes (Bretillot et Colin) et envoyé à M. Révon, de Chargey, pour solde d'un billet souscrit par M. Dornier puîné, 11,050 fr. 30 c., ci 11,050 30

5°   » juillet 5. A cette date, un article subdivisé en sept autres et porté au débit de la mère pour le solde des bois achetés de M. Alexandre Dornier, s'élève à 208,811 fr. 52 c.; il est suivi de cette annotation : « Ces » écritures n'ont pas été faites dans le » temps, le teneur de livres n'ayant ap-» pris les prix et conditions qu'après les » premiers paiements. »

6° 1824 déc. 31. Pour un de ses billets, du 20 décembre 1823 *(reporté à l'ordinaire de 1823)*, reporté à l'ordinaire de 1824, 5,216 fr., ci . .   5,216 »

7° 1826 août 31. Ma... . . . . Dornier
. . . . 673 fr.

. . 1,673 40

Dornier frères.

1812 janvier 7. . . . . effets de ses fils, qu'elle a ac-
. . . . . . payables chez Bodin frères, à
. . . . le 31 janvier, 30.000 francs,
. . . . 000
. . . . . cent pour les faire
. . . . 0 fr., ci . . . 150 } 30,150 00

1817 mars . . . . compte Dornier frères, 206 fr.
. . . . 206 45

Conclusions du demandeur.

Le troisième chef des conclusions contre M. Alexandre Dornier est ainsi formulé :

« Au f° 147 du journal, date du 7 janvier 1812, et par la lettre de Mme Dor-
» nier du 29 septembre 1811, il est établi que Mme Dornier a payé pour
» M. Alexandre et pour M. Philippe, du quel il a hérité, la somme de 30,000 fr. »

Statuant sur ce chef, le jugement du 6 avril 1852 condamne M. Alexandre à faire rapport, à la masse de la succession, de cette somme de 30,000 fr., sauf à lui faire état de ce qui sera justifié avoir été payé par lui sur ladite somme. Mais des considérants du même jugement il résulte que M. Alexandre Dornier prétend qu'en 1825 il n'était plus débiteur envers sa mère, pour cet objet, que de la somme de 21,222 fr. 13 c., qui aurait été contrepassée sur les livres de Pesmes, par ordre de Mme Dornier.

D'abord il convient de constater que l'avance, qui était primitivement de 30,000 fr., s'est élevée à 30,150 fr. par l'effet de la commission que Mme Dornier a eu à payer pour faire acquitter les billets de ses fils.

Ainsi au journal A, f° 147, sous la date du 7 janvier 1812, Mme Dornier est débitée par le crédit de MM. Dufournel aîné père et fils et Robinet, de la manière suivante :

« Reçu huit effets de ses fils, qu'elle a acceptés, payables chez Bodin frères,
» à Lyon, le 31 janvier, ci . . . . 30,000 ⎱
» Demi pour cent pour les faire retirer, ci. . 150 ⎰ 30,150

Cette somme figure au débit du compte de Mme Dornier, grand-livre A, f° 183 ; mais elle ne figure pas au compte ouvert à MM. Dornier frères, sur le même livre, f° 61 ; elle ne figure pas davantage sur les comptes postérieurement ouverts soit à MM. Dornier frères, soit à M. Alexandre Dornier.

D'un autre côté, malgré leurs nombreuses recherches, les experts n'ont rien trouvé sur les livres et autres documents mis à leur disposition, qui établisse que M. Alexandre Dornier ait payé un à-compte quelconque sur la somme de 30,150 fr., et rien non plus qui ait trait à l'écriture qui, d'après ses dires, aurait été contre-passée en 1825. Du reste, on ne comprend guère comment on aurait pu contre-passer une écriture qui n'a pas été passée.

En conséquence, les experts déclarent qu'il résulte des écritures par eux examinées, que Mme Dornier a fait payer pour le compte de MM. Dornier frères une somme de 30,150 fr., suivant l'article du 7 janvier 1812, et que rien dans les livres n'indique que M. Alexandre Dornier ait fait état à sa mère de tout ou partie de cette somme.

N° 4 des conclusions contre M. Dornier puîné.

Quoique le jugement du 6 avril 1852 ait prononcé définitivement sur le 4e chef des conclusions contre M. Alexandre Dornier, les experts ont cru devoir (vu leur importance) mentionner deux pièces trouvées dans les papiers de la succession, et qui ont trait à l'affaire faisant l'objet de ce chef.

La première de ces pièces est une lettre écrite collectivement par Mme Dornier et M. Alexand... à M. Courbet, notaire à Pesmes, et par laquelle ils donnent à ce derni... ...jet de la remise que leur aurait faite M. Courbet de ... donation consentie par Mme Dornier à M. Alexan... ... revenant de la succession de M. Philippe. Cette l... ...mbre 1821, veille du jour de la vente faite à M. A... ...êmes droits successifs.

La seconde pièce ... sous seing p..., en date du 24 janvier 1819, d'après lequel Mme D... cède à titre d'échange à M. Alexandre Dornier ses droits dans la succession de M. Philippe, et en contre-échange, M. Alexandre cède à sa mère ses droits dans la succcession de M. Victor Dornier.

N° 7 des conclusions contre M. Dornier puîné.

Le septième chef des conclusions contre M. Alexandre Dornier est ainsi formulé :

« 478 fr. 40 c. à lui comptés par M. Moniotte le 16 juillet 1822, constaté
» au journal B. f° 31. »

Au journal B, f° 31, à la date du 16 juillet 1822, se trouve en effet un article ainsi conçu :

« Caisse doit à Moniotte pour autant qu'il a compté à M. Dornier puîné
» par ordre de Mme Dornier, 478 fr. 40 c. »

Au compte courant de M. Dornier puîné, **grand livre B, f° 53**, existe un article ainsi conçu :

« 1821, juillet 16, par Moniotte, ci, 478 fr. 40 c. »

Or, il est évident :

1° Que la différence de date de ces deux articles est le résultat d'une erreur; que la somme de 478 fr. 40 c. portée au journal sous la date du 16 juillet 1822 et la même somme portée au grand livre sous la date du 16 juillet 1821 ne sont qu'une seule et même chose ;

2° Que bien que les écritures au journal soient fort mal conçues et celles du grand livre mal motivées, il n'en résulte pas moins que M. Alexandre Dornier a tenu compte à sa mère de la somme de 478 fr. 40 c. qui lui avait été comptée par Moniotte.

N° 8 des conclusions contre M. Dornier puîné.

« 5,216 fr. pour double emploi, constaté au journal B, f° 140, du 31 dé-
» cembre 1824. »

Au journal B, f° 140, et à la date du 31 décembre 1824, se trouve un article raisonné comme suit :

« Compte de M. Dornier, de Dampierre, pour la vente du bois de Dam-
» pierre, ordinaire de 1823.

» Cette vente contient 42 arpents 94 perches, estimés sur 42 cordes, ou
» sur la masse 1,717 cordes, vendues sur pied à 11 fr. 06 c., prix des
» ventes de Gray, ci . . . . 18,990 »
» Vendu de plus un canton atttenant de jeune taillis, pour 240 f., ci   240 »

                        » Ensemble. . . . . . 19.230 »

» Que M. Dornier a réglé, savoir :
» Son effet au 1er décembre dernier, soldant la vente de 1824,

» que Mme Dornier a ordonné d'imputer sur celle de 1825, ci.   5,216 »
» Qu'il a remis son effet payable 1er mai, ci . . . . . .   5,000 »
» Qu'il a remis son effet payable 1er octobre, ci . . . . .   5,000 »
» Qu'il a remis pour solde 15 décembre, ci . . . . . .   4,014 »

» Ensemble. . . . . . .   19,230 »

» *Nota*.—Il ne sera fait entrée active que des trois derniers effets, attendu
» que le premier est entré l'année dernière. »

Il résulte de ces écritures :

1° Qu'antérieurement à la date du 31 décembre 1824, M. Dornier avait acquis de Mme Dornier une coupe de bois, ordinaire de 1824, dont le prix avait été réglé par des billets au profit de sa mère, et que l'un de ces billets, de 5,216 fr., restait dû ;

2° Qu'à ladite époque du 31 décembre 1824, M. Alexandre Dornier a acquis une nouvelle coupe de bois, ordinaire de 1825, moyennant la somme de 19,230 fr., et que dans le règlement de cette somme, est entré le billet de 5,216 fr. qui restait dû sur la coupe de 1824; d'où il suit évidemment que M. Alexandre Dornier a été avantagé du montant du billet de 5,216 fr., soit sur la vente de 1824, soit sur celle de 1825. — Etant observé que, d'après les termes formels des écritures, l'avantage fait à M. Alexandre n'est pas le résultat d'une erreur, mais l'effet de la volonté formellement exprimée de Mme Dornier.

N° 9 *des conclusions contre M. Alexandre Dornier.*

Ce neuvième chef est ainsi conçu :

« 194 fr. 40 c. pour livraison de fer du 30 avril 1830, au journal dit
» brouillard, f° 38, sous la date du 30 avril 1830, brouillard C, f° 98 (et
» non 38), M. Dornier puîné est débité d'une somme de 194 fr. 40 c. pour sept
» pièces de fer. »

Mais cette somme est régulièrement portée au débit de M. Dornier, grand livre C, f° 23, puis reportée après l'inventaire sous la date du 1er mai 1840, au grand livre suivant, f° 149 ; d'où il résulte que M. Alexandre Dornier a fait état à sa mère de la susdite somme.

N° 10 des conclusions contre le même.

Ce chef de conclusions est ainsi rédigé :

« Au livre particulier de 1830, f° 44, M. Dornier est débité, pour l'amo-
» diation des bois de Dampierre, de . . . . 32,500 fr.
» Il n'a payé que 26,100 fr., ci 26,100

» Il redoit 6,400

Par l'ensemble des écritures et par les renseignements recueillis par les experts, il est établi en fait, non contesté par les parties, que Mme Dornier avait cédé à son fils Alexandre l'usufruit d'une forêt située sur Dampierre, moyennant une rente annuelle et viagère de 13,000 fr., payable par moitié, soit 6,500 fr. le 1er février et le 1er août de chaque année, pour le premier paiement être fait le 1er août 1831.

Sur le petit livre intitulé comptes particuliers 1830, et appelé petit livre vert, M. Alexandre a, f° 44, un compte ouvert par doit et avoir.

Au 16 juillet 1833, époque de l'inventaire fait après la nomination de l'administrateur provisoire à Mme Dornier, le débit de ce compte est arrêté par 32,500 fr.

Lequel total se compose de :

1° Terme du 1er août 1831 de la rente en question 6,500
2° Terme du 1er février 1832 6,500
3° Terme du 1er août même année 6,500
4° Terme du 1er février 1833 6,500
5° Terme du 1er août, même année et même somme . . . 6,500

Ensemble 32,500

A la même époque le crédit n'est pas additionné, mais les sommes qui y figurent s'élevant à 26,000 fr., et non à 26,100 fr., comme l'indiquent les conclusions, M. Dornier, d'après ce compte, restait débiteur de 6,500 fr. et non 6,400 fr. Il est observé d'abord que cette somme de 6,500 fr. forme le terme du 1er août 1833, qui n'était pas échu au 16 juillet de la même année, époque où le débit a été additionné.

Mais au crédit dudit compte, au-dessous de l'arrêté fait par le notaire rédacteur de l'inventaire, on lit :

« 1834, mars 17, pour autant dont MM. Dufournel frères ont fait état
» pour le compte de M. Dornier puîné, pour le terme du 1er août 1833,
» suivant la lettre du 15 mars courant 6,500

Or, cette somme figure au crédit du compte de Mme Dornier, par le débit de MM. Dufournel, grand livre de l'usine, f° 78, sous la date du 17 mars 1834, avec cette mention, « pour autant que leur a remis M. Dornier puîné » pour le préciput, terme du 1er août 1833. »

Au copie de lettres, à la date du 17 mars 1834, il est accusé réception à M. Dornier du terme du 1er août 1833.

D'autre part, en suivant les comptes postérieurs de M. Alexandre Dornier, on voit qu'à partir et y compris l'année 1834, il est régulièrement débité chaque année, jusqu'à la mort de Mme Dornier, d'une somme de 13,000 fr., montant de ladite rente, et qu'il a fait état de toutes ces sommes.

En conséquence, les experts déclarent qu'il résulte des écritures qu'ils ont eu à examiner, que M. Dornier ne doit pas la somme de 6,400 fr. faisant l'objet du dixième chef des conclusions contre lui.

N° 11 des conclusions contre M. Dornier puîné.

Ce onzième chef est ainsi formulé :

« A la date du 13 août 1832, il est dit que M. Dornier a payé à sa mère
» 4,522 fr. 23 c. Ce paiement, n'étant pas constaté, doit être rapporté. »

Sur le petit livre vert, f° 44, au crédit du compte de M. Alexandre Dornier, se trouve un article SANS DATE, mais placé entre un article du 13 août 1832 et un autre du 28 novembre même année, lequel est ainsi conçu :

« Créditeur au grand livre, f° 149, à l'inventaire de 1832,
» 1,977 fr. 77 c., ci 1,977 77
» Pour autant qu'il dit avoir remis à Mme Dornier pour solde
» du terme de février 1832, ci 4,522 23

      Ensemble. . . . . . . 6,500 »

De cette écriture il résulterait que M. Dornier, qui au 1ᵉʳ mai 1832 était réellement créancier, sur les livres de l'usine, de 1,977 fr. 77 c., aurait abandonné ce solde de compte à sa mère, et lui aurait en outre versé directement celle de 4,522 fr. 23 c. pour compléter le terme de la rente qu'il lui devait, échu le 1ᵉʳ février de ladite année.

La somme de 1,977 fr. 77 c. figure bien au grand livre, fᵒ 149, au compte de M. Dornier puîné, dans le sens indiqué au petit livre vert ; mais la somme de 4,522 fr. 23 c. ne figure en aucune façon sur aucun des livres de l'usine.

Seulement, à la date du 20 avril 1833, au journal fᵒ 214, se trouve l'article suivant :

« M. Dornier puîné, de Dampierre, doit à Mᵐᵉ Dornier, pour balance de
» son compte au grand livre, fᵒ 149, qu'elle a déduite sur les termes du bois
» de Dampierre, qu'il devait suivant détail au livre comptes particuliers,
» fᵒ 44, 3,695 fr. 73 c., ci 3,695 73

Cette somme se composait des trois articles ci-après, qui étaient au crédit de M. Dornier :

« 1832 mai 1ᵉʳ. Balance créditeur à l'inventaire du 1ᵉʳ mai 1832   1,977 77
»   nov. 28. Sa remise sur Pesmes au 15 décembre. .   120 25
»   déc. 13. Pour sa part dans le bois de Confracourt . . 1,597 71

                                Ensemble. 3,695 73

D'après les détails existant au petit livre vert, ces articles auraient été attribués, le premier au terme de la rente échu le 1ᵉʳ février 1832, et les deux autres au terme du mois d'août de la même année.

Les experts croient devoir faire remarquer que le paiement du terme du mois d'août 1831 a été effectué au moyen d'une somme de 428 fr., qui formait alors l'avoir de M. Dornier puîné sur les livres de l'usine, et d'un versement direct de 6,072 fr., lequel ne figure en aucune façon sur les livres, bien qu'il ne soit pas contesté.

Affaire Springaux.

Aux termes du jugement du 6 avril 1852, les experts avaient à examiner :
1° si Mme Dornier ne devait acquitter, d'après la liquidation de la communauté d'entre elle et son mari, que la moitié de la dette dont il s'agit.
2° quelles sont les sommes qui ont été réellement payées aux héritiers Springaux.

Sur la première question, les experts se sont assurés que Mme Dornier n'était pas chargée par la liquidation de la communauté Dornier de payer tout ou partie de la dette Springaux. Cette dette ne figure pas au passif de ladite communauté.

On pouvait *à priori* présumer qu'il en était ainsi, car, à l'époque de la liquidation de la communauté, non-seulement la dette Springaux n'était pas liquide, mais son existence était formellement niée par la famille Dornier.

Quant à la deuxième question, il existe au journal, f° 382, à la date du 20 janvier 1841, un article qui paraît la résoudre complètement ; cet article est ainsi conçu :

« Dornier puîné, ma lettre du 7 courant, 12,000 fr. à divers.

« A Compte de régie, espèces comptées à M. Joseph, son frère, suivant sa lettre du 24 décembre dernier	4,570 32
» A Mme Dornier, son compte courant pour le onzième de M. Philippe dans le paiement du procès Springaux, ci .	4,570 32
» A Dufournel frères, acquit de mon mandat à son ordre à vue, qui fait le solde du prêt de l'année dernière, ci. . . .	2,859 36
» Ensemble	12,000 »

Ainsi, d'après ces écritures, M. Alexandre Dornier a tenu compte à Mme Dornier d'une somme de 4,570 fr. 32 c., pour la part de M. Philippe dans la somme payée ensuite du procès Springaux.

Bien que cette affaire paraisse réglée, les experts, se servant des documents trouvés par eux avant d'avoir rencontré l'article plus haut rapporté, ont cru devoir établir le compte approximatif de cette même affaire.

Les sommes payées par Mme Dornier sont, savoir :

1839, octobre 20.	Journal f° 162, payé à M. Charvin pour 1/5 du procès Springaux, ci .	20,000 »
1840, septembre 26.	Journal f° 341, montant de divers mandats, ordre Springaux, pour liquidation entre la famille Springaux et la famille Dornier, ci	50,000 »
1840, octobre 16.	Journal f°...., payé à M. Guilleminot, dans la liquidation de la société qui a existé entre MM. Dornier et Springaux, ci.	26,000 »
	4° Montant du crédit du compte de M. Branche, avoué à Besançon, livre vert f° 13, avec cette indication : « Procès Springaux, » ci. . . .	3,174 16
	Ensemble.	99,174 16

A ces sommes retrouvées sur les livres il convient d'ajouter celles ci-après, non retrouvées, mais qui ont dû être acquittées :
1° Payé à M. Zizi Springaux, cinquième héritier du sieur Springaux père, 25,000 f. réclamés par les conclusions, ci . .   25,000 »
2° Montant des frais liquidés dans une sentence arbitrale du 20 février 1821, mis à la charge des héritiers Dornier . .   3,660 91

                                Total 127,835 07

Dont moitié à la charge des héritiers Dornier est de 63,917 fr. 53 c., ci 63,917 53
Dont le douzième, à la charge de la succession de M. Philippe (M. Dornier père ayant laissé douze enfants), est de . . .   5,326 46
Et dont les trois quarts, à la charge de M. Alexandre (en admettant que Mme Dornier, en cédant ses droits successifs, n'avait pas chargé M. Alexandre de payer sa part des dettes), sont de 3,994 85

Ainsi, comme nous l'avons vu plus haut, M. Alexandre a fait état pour la part de M. Philippe, dans la dette Springaux, d'une somme de. 4,570 32

D'après le compte approximatif qui vient d'être fait, et où l'on a porté toutes les sommes payées ou présumées payées, M. Alexandre ne devrait que 3,994 85

Différence. 575 47

Cette différence provient, d'une part, de ce que dans le règlement constaté par les livres, on met à la charge de M. Alexandre le onzième de la dette, tandis qu'il ne devait réellement que les trois quarts du douzième;

D'autre part, de ce que le règlement tel qu'il existe sur les livres, suppose une somme de 100,557 fr. 04 c., payée aux héritiers Springaux, tandis que le compte réglé approximativement par les experts suppose une somme de 127,835 fr. 07 c. ; dans tous les cas possibles, M. Alexandre Dornier aurait payé au delà de ce qu'il devait réellement.

Mines tirées dans les bois d'Autrey.

Au copie de lettres, sous la date du 9 mai 1833, on lit la lettre suivante, adressée à M. Dornier puîné :

« Je te permets de faire extraire des mines dans mon bois du Bouchot,
» dans la contenance d'un demi-arpent seulement, et joignant l'ourdon où
» extrait en ce moment M. Lépine. Il est bien entendu que tu me paieras
» ces mines ce qu'elles peuvent valoir sur les lieux. — *Signé* Rochet, veuve
» Dornier. »

Sous la date du 20 juillet 1834, on lit cette autre lettre, adressée également à M. Dornier puîné :

« Je viens, suivant votre lettre du 19 courant, d'écrire à M. Pascart, à
» Autrey, d'examiner le demi-arpent de terrain qui vous a été délimité au
» Bouchot pour y extraire des minerais, et de vous remettre, du côté où va le
» filon, s'il est possible de le faire sans dégrader la forêt par le dépôt ou l'enlè-
» vement des mines, autant de terrain qu'il en existe de ce demi-arpent où
» vous n'avez pas trouvé de minerai. »

Sous la date du 1ᵉʳ août même année, se trouve une autre lettre, toujours à l'adresse de M. Dornier puîné, ainsi conçue :

« Le 21 juillet, j'avais écrit à M. Pascart, d'Autrey, de vous délimiter
» autant de terrain qu'il en manquait dans le demi-arpent où il ne s'était pas
» trouvé de minerai. Je vous donne ci-joint copie de la lettre qu'il m'a écrite
» à ce sujet, à vue de laquelle vous verrez qu'un demi-arpent a été extrait en
» superficie de terrain. J'aurais désiré de grand cœur qu'il ait eu à m'infor-
» mer du contraire ; j'aurais saisi avec empressement l'occasion de vous être
» utile. »

D'un autre côté, au journal, f° 390, à la date du 3 avril 1835, on trouve l'article suivant :

« Doit M. Dornier puîné à Mᵐᵉ Dornier, pour 1,249 mètres 1/2 de mines
» extraites dans un demi-arpent au bois d'Autrey en 1833, 1834 et janvier
» 1835, à 1 fr. 50 c. le mètre, 1,874 fr. 35 c., ci 1,874 35

Cette somme de 1,874 fr. 35 c. a été portée au débit du compte de M. Dornier puîné, grand livre f° 149.

Il résulte donc de ce qui précède, que M. Alexandre Dornier a fait état à Mᵐᵉ Dornier, d'après un prix convenu, des mines qu'il a fait extraire dans le bois d'Autrey aux époques sus-rappelées.

Articles relevés en dehors des conclusions.

N° 1 des articles trouvés sur les livres, et ne figurant pas au compte ouvert à M. Dornier puîné.

Au journal A, f° 22, sous la date du 26 décembre 1809, il existe l'article suivant :

« Mᵐᵉ veuve Dornier doit à M. Robin père, de Dole, pour son compte
» arrêté avec M. Dornier puîné, valeur au 8 août, 24,140 livres 8 sous.

Sur le grand livre A, f° 68, cette somme figure au débit du compte de Mᵐᵉ Dornier, et elle est au crédit de M. Robin, même livre, f° 43.

Il résulte donc de ces écritures que Mᵐᵉ Dornier a payé à la décharge de M. Alexandre, une somme de 24,140 livres 8 sous.

Rien dans les livres de l'usine n'indique que M. Alexandre a fait état de cette somme à sa mère. A cette époque M. Dornier puîné n'a pas de compte ouvert sur les livres de l'usine.

Mais sur un grand cahier tenu sans aucune espèce de régularité, intitulé brouillard du grand journal, pour les affaires particulières de Mme veuve Dornier, née Rochet, commencé le 1er août 1809 et fini le... (les écritures se terminent au 24 avril 1810), on trouve à cette date du 24 avril 1810, c'est-à-dire quatre mois après l'opération sus-rappelée, une note ainsi conçue :

« Veuve Dornier doit à Dornier puîné, pour diverses remises envoyées à Pesmes, ci . . . . 2,089 livres 16 sous.
» Plus pour diverses remises . . . . . . 2,781 » 15 »
» Plus pour diverses remises . . . . . . 4,648 » 8 »

Ensemble. . . . . . 9,519 livres 19 sous.

Toutes ces valeurs ont été portées sur les livres de l'usine, au crédit de Mme Dornier, les premières à la date du 28 janvier, les secondes sous celle du 28 mars, et les dernières sous celle du 15 avril 1810 ; mais elles ne figurent pas au nom de M. Dornier, qui, nous l'avons déjà dit, n'a pas à cette époque de compte ouvert sur les livres de l'usine.

Comment le compte de Mme Dornier et de son fils, qui a été la conséquence nécessaire de ces opérations, a-t-il été réglé? Les experts ne peuvent le dire, car malgré de nombreuses et minutieuses recherches, ils n'ont rien trouvé à ce sujet. Toutefois, si l'on admet, ainsi que les livres paraissent l'indiquer, que les opérations dont il vient d'être question sont les seules qui aient été faites à cette époque entre Mme Dornier et son fils, des écritures sus-rappelées il résulte que M. Dornier reste débiteur de sa mère de la différence entre . . . . 24,140 livres 8 sous
et . . . . 9,519 » 19 »

C'est-à-dire de. . . . . . . 14,630 livres 9 sous

Les numéros deux, trois et quatre des articles relevés par les experts en tête du chapitre relatif à M. Alexandre Dornier, mentionnent des billets payés par Mme Dornier à M. Révon, de Chargey, pour le compte de son fils.

La somme du numéro trois se compose de deux billets à la même échéance du 20 février 1821.

Ces deux billets, et le premier, existent dans les papiers de la famille. Après le premier est attachée une note portant le numéro quinzième de la cote 112, et qui est ainsi conçue :

« Le billet que j'ai acquitté de M. Révon et qu'il faut garder, ça doit me
» servir de quittance envers Fanfan Dornier pour son bois que j'ai acheté.
» — Acquitté, 25 novembre 1820. »

Le billet de 11,050 fr. 30 c. (numéro 4 du relevé) n'est pas avec les autres : mais il en existe un de 11,313 fr. 40 c. qui fait partie de l'article de 208,811 fr. 52 c. portant le numéro cinq du susdit relevé, lequel article figure au débit de la mère.

La très grande irrégularité des écritures relatives à l'acquisition du bois, et l'ignorance dans laquelle on est laissé par les livres sur le prix et le règlement de cette acquisition, ne permettent pas d'établir par chiffres toute la somme payée ni le mode de paiement; mais de l'ensemble des notes recueillies il paraît ressortir que tous les billets au profit de M. Révon ont été payés en déduction du prix du bois.

Le numéro six du relevé fait l'objet du huitième chef des conclusions, sur lequel les experts ont émis leur avis.

Numéro sept du même relevé. Au journal, f° 190, à la date du 31 août 1826, il existe un article dont on extrait ce qui suit :

« Créditer MM. Bretillot et Cie d'un mandat ordre M. Dornier, de Dam-
» pierre, solde de son compte . . . . 1,673 fr. 40 c.

A cette époque, M. Dornier puîné a un compte ouvert, grand-livre B, f° 53, où ne figure pas ladite somme de 1,673 fr. 40 c.

Au contraire, elle a été portée au débit de Mme Dornier, grand-livre B, f° 276, et fait partie d'une somme de 3,870 fr. 90 c., portée à la date du 31 août 1826 et figurant au crédit de MM. Bretillot, à la même date, même grand-livre, f° 265.

De ces écritures il résulte que M. Alexandre Dornier a reçu de sa mère une somme de 1,673 fr. 40 c., dont on ne retrouve pas la cause et dont il n'a pas fait état.

MM. Dornier frères.

Le premier article au nom de ces messieurs a fait l'objet du numéro trois des conclusions, sur lequel les experts ont exprimé leur opinion.

Dernier article. Au grand livre A, f° 61, MM. Dornier frères, à Dampierre, ont un compte ouvert.

Ce compte balance *à leur débit* par 206 fr. 45 c., laquelle balance reportée au grand-livre B, f° 46, à la date du 31 mars 1817, n'a pas été soldée, d'où il résulte que M. Alexandre Dornier, qui représente la société Dornier frères, est resté débiteur envers la succession de sa mère de la susdite somme, ci . . . . 206 fr. 45 c.

Suite de M. Alexandre Dornier puîné.

Au journal, f° 125, sous la date du 3 novembre 1841, Mme Dornier est débitée par le crédit de ses enfants d'une somme de. . 28,129 fr. 20 c.
De sorte que :
1° Chacun des enfants Dornier a reçu. . . . . 2,557 fr. 20 c.
Avec cette mention :
Sa part, un onzième dans la succession de M. son frère Victor, décédé, valeur 20 août.
2° M. Alexandre a reçu deux parts, soit :
1° Un onzième de son chef . . . . 2,557 fr. 20 c.
5° Un onzième du chef de M. Philippe, dont il est légataire de trois quarts et acquéreur de l'autre quart de la succession, ci. . . . . 2,557 fr. 20 c.
      Ensemble. . . . . 5,114 fr. 40 c.

La somme de 28,129 fr. 20 c. paraît provenir de la rentrée de diverses créances appartenant à la succession de M. Victor, rentrée tardive, car cette succession était réglée depuis le 30 décembre 1822 (jugement du 6 avril 1852).

Mais au journal, f° 263, à la date du 28 juin 1842, se trouve l'article suivant :

« M. Dornier puîné, compte ordinaire, doit à divers . . . 2,486 85
« A Mme Dornier, son compte courant, pour contrepasser le onzième de la
» part de Philippe dans la succession de Victor, porté mal à propos au crédit
» de ce dernier, attendu qu'il n'avait droit qu'au onzième de la somme
» produite par la vente des denrées, et non à aucun avancement d'hoirie,
» ci 2,386 25
» A profits et pertes, intérêts de cette somme jusqu'au 30
» avril dernier 100 60
         » Total 2,486 85

Cette dernière phrase, d'ailleurs peu intelligible, *attendu qu'il n'avait droit qu'à un onzième de la somme produit de la vente des denrées, et non à aucun avancement d'hoirie,* ne peut s'entendre que dans ce sens, à savoir :

Que la somme de 28,129 fr. 20 c. provenant de la succession de M. Victor Dornier n'appartenait pas pour le tout à ses frères et sœurs qui lui avaient survécu ;

Que Mme Dornier en avait une part comme héritière de son fils ;

Que, par conséquent, en distribuant aux enfants Dornier la somme entière, on y avait compris la portion de Mme Dornier ;

Que cette portion ne peut être considérée que comme l'objet d'un abandon, d'un don de la part de Mme Dornier, et que ce don n'a pu être fait qu'aux enfants qui existaient alors.

Dans cette hypothèse, qui peut être la vraie, la distribution doit être faite ainsi qu'il suit :

La susdite somme, provenant de la succession de M. Victor, appartenait pour les trois quarts à ses frères et sœurs qui lui avaient survécu, soit
. . . . 21,096 90
Et pour un quart à Mme Dornier sa mère, soit. 7,032 30
Les 21,096 fr. 90 c. appartenant aux enfants Dornier devaient être partagés entre eux par onzième, soit pour chacun d'eux . . . 1,917 90

M. Dornier puîné avait donc droit à un onzième de son chef, soit   1,917 90
A un onzième du chef de M. Philippe, même somme, soit   1,917 90
La somme de 7,032 fr. 30 c. provenant du don fait par Mme Dornier à ses enfants, devait être partagée par dixième, et M. Alexandre Dornier avait droit seulement à un dixième de son chef, soit 703 23

Total revenant à M. Alexandre.	4,539 03
Il avait été crédité par erreur de	5,114 40
Pour rectifier cette erreur, il fallait le débiter de	575 37
Et non de	2,386 25
Différence à son préjudice	1,810 88

Dont il faudrait, dans l'hypothèse admise, lui faire état avec les intérêts du 21 août 1842.

M. Claude-Pierre-Joseph Dornier.

M. Joseph Dornier a sur les livres de l'usine un compte ouvert qui commence le 19 mai 1823, et est balancé le 4 juillet 1828, par un solde de 60,000 fr., avec cette note à l'encre rouge, *reporté au compte particulier*. Ce nouveau compte est au petit livre vert dont les experts ont parlé, f° 14. Jusqu'au mois de décembre 1839, M. Joseph Dornier n'a plus d'autre compte; mais à cette dernière date, il a été ouvert à chacun des enfants un compte qui a paru aux experts fort régulièrement tenu. A celui de M. Joseph, grand livre n° 3, f° 158, a été transportée au mois de mars 1842 la balance du compte qui lui avait été ouvert en 1828 sur le livre vert, balance s'élevant à 44,522 fr. 55 c., dont il y aura lieu de faire mention plus loin.

N° 2 des conclusions contre M. Joseph Dornier.

Ce deuxième chef est ainsi conçu :
« Au f° 187 du 21 juillet 1826 et au f° 222 du 5 décembre 1827, on

» lui a payé pour intérêts d'un capital à lui remboursé le 20 septembre 1823,
» une somme de 1,000 fr. dont il doit le rapport, ci . . . . 1,000 fr.

» Dans un article au journal B, f° 187, à la date du 21 juillet 1826, on lit :
« Traites et remises doivent à Maillard-Grosbas. — Le créditer encore, notre
» mandat ordre Joseph Dornier, au 1ᵉʳ août, 600 fr., ci . . . 600 fr.
» Sans autre explication.

» Et au même journal, f° 222, sous la date du 20 décembre et non du 5,
» il existe un autre article dont on a aussi extrait littéralement ce qui suit :
« Créditer MM. Bretillot, paiement fait à M. Joseph Dornier pour quatre
» mois du principal remboursé . . . . 400 fr.

Comme on vient de le voir, le rapport de ces deux sommes de 600 fr. et de 400 fr., ensemble 1,000 fr., est réclamé comme représentant les intérêts de 20,000 fr. qui, selon les conclusions, auraient été remboursés le 20 septembre 1823.

De l'examen des livres il résulte d'abord que ce remboursement n'a eu lieu que le 31 octobre 1827 (voir journal B f° 216, grand-livre f° 209, compte de M. Joseph, et f° 278, compte de Mᵐᵉ Dornier).

Mais pour se rendre bien compte de la portée de cette réclamation, les experts ont établi le compte des intérêts dus et payés à M. Dornier.

Ensuite des écritures, Mᵐᵉ Dornier devait à son fils Joseph une somme de
25,000 fr. productive d'intérêts du 1ᵉʳ octobre 1823, ci . . 25,000 fr.

Les intérêts, depuis cette date au 31 mars 1825, sont de 2,250 francs,
ci . . . . 2,250 fr.

Le 31 mars 1825, il a été remboursé à M. Joseph Dornier une somme de 5,000 fr., de sorte qu'il ne lui était plus dû que 20,000 fr.

Les intérêts de cette dernière somme, du 31 mars 1825 au
31 octobre 1827, époque de son remboursement, s'élèvent à 3,100 fr.

D'autre part, Mᵐᵉ Dornier, s'étant reconnue débitrice envers son fils Joseph d'une somme de 60,000 fr. productive d'intérêts du 31 décembre 1826,

A reporter . . . 3,350

Report. . . 5,350

Les intérêts de cette somme, de la date ci-dessus (31 décembre 1826) au 31 décembre 1828, époque du règlement du compte sur le grand-livre B, f° 209, s'élèvent à 7,200 fr., ci.   7,200 fr.

Total des intérêts échus au 31 décembre 1828, ci . . . 12,550 fr.

Du dépouillement des écritures il résulte que M. Joseph Dornier a reçu de sa mère, pour le couvrir de cette somme, savoir :

1824	sept. 16.	Mandat sur Maillard	750 fr.
	sept. 30.	Mandat sur Maillard	750
1825	mars 31.	Mandat sur Besançon	750
	octob. 10.	Mandat sur Maillard.	600
1826	juillet 20.	Mandat sur Maillard	600
	août 31.	Mandat sur Maillard.	600
	déc.	Espèces . . . , ...	300
1827	mars 28.	Mandat sur Maillard.	2,400
	juillet 15.	Mandat sur Maillard.	2,400
	sept. 20.	Mandat sur Drevon	2,200
1828	juin 15.	Mandat sur Maillard.	1,200

Somme égale. . . . . 12,550 fr.

Il est à observer que le mandat du 15 juin 1828 est de 1,293 fr. 90 c.; mais il comprend 93 fr. 90 c. pour le remboursement d'une petite avance que M. Joseph Dornier avait faite à sa mère.

D'ailleurs, les écritures dans leur ensemble arrivent au même résultat.

Au compte de M. Joseph Dornier, grand-livre B f° 209, les intérêts dus et ceux payés sont portés, au débit comme au crédit, sur deux colonnes séparées et distinctes des colonnes du capital.

La colonne du débit est additionnée par. . . . . . . 11,550 fr.
et celle du crédit par. . . . . 12,750 fr.

D'où il suit qu'il restait alors dû à M. Joseph Dornier, pour intérêts échus . . . . 1,200 fr.

Mais M. Dornier a été réglé de cette somme en ce qu'en reportant son compte du livre B au livre C, on l'établit sur une seule colonne, au débit

comme au crédit, et qu'on reporte à son débit . . . . . 11,550 fr.
et à son crédit . . . . 12,750 fr.

En sorte qu'il se trouve par ce fait crédité des 1,200 fr. qui lui restaient dus.

Il est à remarquer que sur le grand-livre les intérêts au crédit s'élèvent à , ... 12,750 fr.
tandis que ceux dus en réalité ne sont, comme nous venons de le voir, que de. 12,550 fr.

Cette différence de 200 fr. provient d'une erreur faite sur l'article décembre 1826. Elle est rectifiée par un article de 200 fr. porté au débit à la date du 20 décembre 1827, et qui ne figure pas au journal.

De ce qui précède, les experts concluent que M. Joseph Dornier ne doit pas la somme de 1,000 fr., objet du deuxième chef des conclusions contre lui.

N° 4 des conclusions contre M. Joseph Dornier.

Ce quatrième chef est ainsi formulé :

En 1833, Mme Dornier lui a payé sur son billet, et il doit rapporter la somme de. 41,550 fr.

Aucune somme pareille ne figure dans les livres sous le nom de M. Joseph Dornier. D'après des explications verbales données par le demandeur, il paraîtrait qu'en 1833, quelques jours avant l'inventaire qui a été dressé lors de la nomination d'un administrateur provisoire, M. Joseph Dornier a reçu, à titre de dépôt, une somme qui jusque-là était restée à la disposition de Mme Dornier.

Il existe une note écrite sur une feuille détachée, et qui est jointe par des pains à cacheter dans le livre vert au f° 14, où est ouvert le compte de M. Joseph Dornier.

Cette note est ainsi conçue :

« Bordereau de pièces remises en dépôt à M. Dornier, Joseph.

» 279 pièces de 47 fr. 20 c. 13,168 80

A reporter. . . 13,168 80

			Report.	13,168	80
»	333 pièces de 23 fr. 55 c.			7,842	15
»	2 id. de 40 »			80	»
»	2 id. de 20 »			40	»
»	1 pièce de Suisse comptée.			47	20
»	12 sacs de 1,500 fr.		18,000		
»	2 sacs de 1,160 fr.		2,320	20,320	»
		» Total.		41,498	15
» A déduire pour un sac de 1,500 fr., où il manquait				500	»
		» Reste.		40,998	15
» Sur quoi il a compté à MM. Dufournel frères				25,000	»
		» Reste.		15,998	15
» Il a remis de plus à M. Colin deux billets de M. Louis,					
» 5,000 fr., ci			5,000 »		
» Deux pièces de 47 fr. 20 c.			94 40		
» Deux id. de 23 fr. 55 c.			47 10	5,188	70
» Une pièce de Suisse.			47 20		
» Il redoit				10,809	45

De cette note il résulte que sur la somme de 40,998 fr. 15 c. reçue en dépôt par M. Joseph, et qui se rapproche assez de celle qui lui est réclamée pour faire supposer qu'il s'agit de celle-là :

1° M. Joseph Dornier a versé à M. Dufournel 25,000 fr. pour être portés au crédit de Mme Dornier ;

2° Qu'il a remis, toujours pour le compte de Mme Dornier, à M. Louis son frère, une somme de 5,000 francs, pour laquelle ce dernier aurait souscrit un billet qui a été remis à M. Colin, administrateur provisoire des biens de Mme Dornier ;

3° Et qu'il a en outre rendu à M. Colin cinq pièces d'or, pour 188 fr. 70 c.

De sorte qu'il n'a conservé personnellement que la somme de 10,809 fr. 45 c.

L'examen des livres de l'usine démontre que les 25,000 francs ont été réellement versés à MM. Dufournel, qui en sont débités à leur compte, grand-livre f° 128, sous la date du 2 février 1834.

Les écritures du livre vert établissent également que les 5,000 fr. ont été versés à M. Louis, qui en est débité audit livre f° 15, sous la date du 1ᵉʳ janvier 1834, par un article ainsi rédigé :

« Le billet de Joseph, qu'il doit *de sur* l'argent qu'il avait reçu de Mme Dor-
» nier sa mère, lequel billet remis à Colin . . . . . . 5,000 fr. »

Il est vrai que sur la note qui vient d'être transcrite il est question d'un billet de M. Louis, tandis que sur le livre vert il est parlé d'un billet de M. Joseph. Il peut y avoir confusion de nom ; mais du moins il est certain que M. Louis est débité de cette somme, et qu'elle figure dans le compte que nous avons rappelé ci-dessus et sur lequel nous reviendrons en examinant ce qui concerne M. Louis.

Quant aux 10,909 fr. 45 c., qui sont restés entre les mains de M. Joseph, le décompte en est fait sur le petit livre vert, f° 14.

3,132 fr. ont servi à lui payer les intérêts de l'année 1834, sur son capital réduit à 52,200 fr., et le surplus, soit 7,647 fr. 45 c., a été imputé sur le capital, de sorte que M. Joseph ne restait plus créancier que de 44,522 fr. 55 c.

Le paiement de ce solde a donné lieu à deux jugements du tribunal civil de Gray, et à un arrêt de la Cour de Besançon.

Enfin, cette affaire a été définitivement réglée par un article au journal, f° 219, sous la date du 7 avril 1842, et ainsi conçu :

« Mme Dornier, son compte courant, à M. Dornier Joseph, 63,739 fr. 94 c.,
» pour reliquat sur un billet du 6 décembre 1826, souscrit par cette première
» au profit de ce dernier, tel qu'il figure au livre vert f° 55. Pour obtenir ce
» paiement, il a obtenu deux jugements du tribunal de Gray, en date des 21
» juillet et 25 août 1841, lesquels ont été confirmés par un arrêt de la Cour de
» Besançon, à la date du 27 décembre même année, ci . . . 44,522 55

» Il a été adjugé par ces jugements les intérêts au 5 p. 0/0, du
» 1ᵉʳ janvier 1837 au 24 février 1841, ci 9,235 93

» Plus les intérêts de ces deux sommes, depuis le 24 février
» 1841 au 10 mars 1842 . . . . 2,784 98

A reporter. . . 56,543 46

Report. . .	56,543 46
» Frais faits à Gray à l'occasion des deux jugements et de l'enregistrement du billet qui était sur papier libre . . .	7,007 01
» Frais faits à Besançon devant la Cour royale.	189 47
» Total.	63,739 94

N° 5 des conclusions contre M. Joseph Dornier.

Le cinquième chef est ainsi présenté :

« Au brouillard, f° 113, du 15 mars 1833, pour avances que Mme Dornier
» lui a faites . . . . 3,600 fr. »

Au journal, f° 207 et non 113, sous la date du 15 mars 1833, Mme Dornier est débitée par le crédit de MM. Dufournel frères d'une somme de 3,600 fr., ainsi motivée :

« Mon mandat ordre Joseph Dornier, mon fils, payable 20 courant, pour sa
» pension échue 1er janvier dernier et payée d'avance, ci. . 3,600 fr. »

Cette somme figure au débit du compte de M. Joseph Dornier, livre vert f° 14, et représente les intérêts à 6 p. 0/0, année 1833, de la somme de 60,000 fr. dont il a été parlé plus haut.

Seulement, à cette date le capital se trouvait diminué de 7,800 fr., et les intérêts n'auraient dû être calculés que sur 52,200 fr., ce qui présente une différence au préjudice de Mme Dornier de. . . . . . . 468 fr.

Article en dehors des conclusions.

Au brouillard B f° 137, sous la date du 10 décembre 1824, se trouve l'article suivant :

« Crédité Mme Dornier, espèces remises au comptable pour remettre à
» son fils, cl . . . . 1,000 fr. »

Puis, immédiatement au-dessous, un autre article ainsi motivé :

« Remis à M. Dornier, de Gray, espèces par le comptable. 2,000 fr. »

De ces écritures et de la manière dont elles sont passées au grand livre B,

1° 245, au compte de Mme Dornier, il résulte que M. Dornier, de Gray, a reçu de sa mère une somme de 2,000 fr. Rien sur les livres n'indique qu'il en a tenu compte.

Au brouillard-journal C, f° 73, à la date du 31 janvier 1830, Mme Dornier est débitée par le crédit de la caisse d'une somme de 1,200 fr. ainsi raisonnée :

« A M. Joseph Dornier, pour solde de ce qui lui était dû pour l'intérêt » de son capital. »

Or, dans les années 1829, 1830, 1831 et suivantes, M. Joseph a été régulièrement payé des intérêts au moyen de mandats, soit sur M. Maillard, à Gray, soit sur MM. Dufournel, en sommes rondes de 3,600 fr. Conséquemment, ce paiement de 1,200 fr. se trouverait sans cause. Dans tous les cas, rien n'indique qu'il ait fait compte de cette somme.

M. Louis-Philippe Dornier.

Avant le mois de décembre 1839, M. Louis Dornier n'a pas de compte ouvert sur les livres de l'usine. De 1828 à 1837, il a un compte sur le petit livre vert f° 15; mais les articles qui composent son débit sont portés sur les livres au débit de la mère.

Détail des articles ne figurant pas au compte du livre vert.

1822, juin 7.	Pour un billet Floret au 28 juillet, de, ci .		3,000 fr.
» octobre 16.	Remise sur Floret au 10 janvier, de ci	3,000 »	
» » »	Remise sur Paris au 2 novembre, de, ci	1,000 »	5,000 »
	Mandat sur Dunoyer, à Dijon, 20 novemb^e, de, ci.	1,000 »	

N° 1er des conclusions contre M. Louis Dornier.

Ce chef est ainsi formulé :

« Au journal B, f° 26, date du 7 juin 1822, pour un billet à lui souscrit par
» M. Floret, payable au 28 juillet suivant, ci . . . . 3,000 fr. »

C'est le premier article du détail ci-dessus, et il fait au journal B, à la date citée, f° 26, l'objet d'écritures conçues comme suit :

« M. Louis Dornier doit à traites et remises un billet souscrit par M. Floret,
» payable 28 juillet prochain, ci. . . . . 3,000 fr. »

Il ne s'agissait donc nullement d'un billet souscrit par M. Floret au profit de M. Louis Dornier, mais bien d'un billet souscrit au profit de Mme Dornier, puisqu'il était entré au débit du compte de traites et remises, et qu'on l'a fait sortir en en déchargeant ce compte, au moment où il aura été probablement remis à M. Louis. Toutefois, comme au grand livre M. Louis n'a pas de compte à cette époque, c'est Mme Dornier qui est débitée de la somme, grand livre B, f° 187, avec cette seule mention :

« Pour la remise de Floret, 28 janvier. »

De cette étrange écriture il résulte néanmoins que M. Louis Dornier a reçu de sa mère une valeur de 3,000 fr. dont on ne voit pas la cause, et dont il ne lui a pas fait état.

N° 2 des conclusions contre Louis M. Dornier.

Ce chef est exprimé comme suit :

« Au même journal B f° 143, date du 16 octobre 1822, pour divers effets
» et mandats à lui remis, ci . . . . 5,000 fr. »

En effet, au journal B f° 43, et non 143, à la date précitée, on lit l'article ci-après, formant le n° 2 du détail ci-contre :

« Louis Dornier doit à traites et remises :
» Une remise, son mandat Floret au 10 janv^r, de, ci   3,000 ⎫
» Une remise, son mandat au 2 novembre, de, ci   1,000 ⎬ 5,000 fr.
» Un mandat sur MM. Dunoyer et Robinet, au 20
   » novembre, de, ci. . . . . 1,000 ⎭

Comme nous l'avons dit pour l'article précédent, à cette époque M. Louis n'a pas de compte ouvert au grand-livre, et c'est Mme Dornier qui est débitée de la somme avec cette singulière formule :

« Pour la remise de Floret de 3,000 fr. envoyée à M. Louis Dornier,
» ci 3,000
» Par une autre de 1,000 fr., ci 1,000
» Par M. Louis Dornier, un mandat sur Dijon, 1,000 fr., ci . 1,000
          » Ensemble. 5,000

On ne trouve pas non plus qu'il ait été fait compte à Mme Dornier de ce paiement, dont rien n'explique encore la cause.

N° 3 *des conclusions contre M. Louis Dornier.*

Ce chef est présenté de la manière suivante :

« Au brouillard, f° 28 *bis,* date du 30 septembre 1829, pour un man-
» dat à son ordre, à valoir et à-compte du capital que Mme Dornier lui doit,
» ci . . . . 5,000 fr. »

Il existe en effet, au brouillard ci-dessus, f° 28, 2e série, et au journal B f° 303, mais à la date du 28 août 1829, et non du 30 septembre, un article dont voici un extrait littéral :

« Mme Dornier, compte particulier, à Maillard-Grosbas :
» Acquit de mandat ordre de M. Louis Dornier, au 15 courant, à valoir et
» en à-compte du capital que Mme Dornier lui doit. »

A cette époque, M. Louis Dornier, qui n'a toujours pas de compte sur les livres de l'usine, en a un d'ouvert sur le petit livre vert f° 15, et la somme de 5,000 fr. dont il est question n'y figure pas à son débit, tandis qu'on y voit deux autres sommes de 5,000 fr. chacune, versées à M. Louis dans des conditions analogues, les 23 mai 1831 et 1er janvier 1834.

Ainsi, M. Louis Dornier a reçu de sa mère 5,000 fr. dont il ne lui a pas fait état.

Cependant, le capital dont Mme Dornier était déclarée débitrice formait, pour M. Louis, une créance qui devait remonter au delà de 1828, puisque l'on voit par le compte du petit livre vert, que l'intérêt lui en a été servi pour cette année 1828, et qu'il a continué à être servi sur la même somme de 60,000 fr.

N° 4 des conclusions contre M. Louis Dornier.

Il a été ainsi formulé :

« Au journal, f° 84, date du 22 mai 1831, 5,000 fr. pour un mandat sur
» Dufournel, ci. . . . . 5,000 fr. »

L'extrait littéral ci-après fera connaître la contexture de l'article au journal cité et à la date rappelée :

« A Dufournel, de Gray, doivent les suivants :
» Mme Rochet, veuve Dornier, 5,000 fr., mandat à vue ordre de M. Louis
» Dornier, ci . . . . 5,000 fr. »

Cette somme figure au débit de M. Louis à son compte au livre vert, f° 15, sous la date du 23 mai 1831.

Les experts exprimeront leur opinion sur cette somme de 5,000 fr., dans le chapitre qui va suivre.

En dehors des conclusions contre M. Louis Dornier.

1° Ainsi que nous l'avons vu dans le compte ouvert à M. Joseph Dornier au livre vert f° 14, il a été porté à son crédit une somme de 60,000 fr., qui est le report du compte qu'il avait au grand livre B f° 209 ; sur le livre B, l'article de 60,000 fr. est motivé : « Dépôt remis directement à Mme Dornier. »

2° Au compte ouvert sur le livre vert, f° 15, à M. Louis Dornier, figure chaque année, de 1828 à 1832 inclusivement, à son crédit, une somme de 3,000 fr. causée pour intérêts de 60,000 fr.

Cependant, cette somme de 60,000 fr. ne figure pas au crédit du compte. Mais dans l'examen du troisième chef de conclusions contre M. Louis, il a été rapporté l'article du journal B, f° 303, date du 28 août 1830, ainsi conçu :

« Acquit du mandat ordre de M. Louis Dornier, à valoir et en à-compte du capital que Mme Dornier lui doit, ci . . . . 5,000 fr. »

A la vérité, on ne trouve nulle part dans les livres la créance de M. Louis

Dornier sur sa mère, et elle n'est constatée que par le paiement ci-dessus motivé pour à-compte, et par les intérêts qui ont été payés. Néanmoins, il est permis de conclure que Mme Dornier se reconnaissait alors débitrice envers son fils Louis d'une somme de 60,000 fr.

Si, se reportant au compte de M. Joseph Dornier, l'on considère qu'aucune écriture n'a été faite, ni au compte de caisse ni au journal, des prétendus versements faits par ce dernier, si l'on prend aussi en considération ce qui a été statué par le jugement du 6 avril 1852 au sujet des 60,000 fr. de M. Joseph, et la manière habituelle de faire de Mme Dornier vis-à-vis de ses enfants, on peut être amené à penser que les deux sommes de 60,000 fr. sont autant de dons faits par Mme Dornier à ses deux fils Joseph et Louis.

Toutefois, la situation de M. Louis est à cet égard bien différente de celle de M. Joseph, car, ainsi qu'il a été expliqué, M. Joseph a été complétement remboursé de la somme de 60,000 fr. en principal et intérêts, tandis que voici la position de M. Louis :

A partir de 1832, il n'est plus question d'intérêt sur les livres, et ce n'est plus 3,000 fr. que M. Louis reçoit annuellement, mais bien 4,000 fr., et alors c'est à titre de pension.

Au 1er janvier 1857, le compte de M. Louis sur le livre vert est arrêté par une balance qui le constitue débiteur de 10,000 fr., portés dans une colonne que l'on peut considérer comme étant celle du capital, et de 1,550 fr. portés dans la colonne qui serait celle des intérêts.

Mais dans cette dernière somme de 1,550 fr., celle de 1,500 fr. doit être le résultat d'une erreur, qui s'explique de la manière suivante :

M. Louis Dornier est débité en 1830, sans autre date, de 3,000 fr. pour les deux termes de ladite année, payés par M. Maillard, puis le 31 décembre il est encore débité de 1,500 fr. qui auraient encore été payés par M. Maillard. Or, la somme de 3,000 fr. a été payée par ce dernier, savoir :

Le 30 juin 1830, 1,500 fr., ci . . . . 1,500 »
Le 31 décembre même année, 1,500 fr., ci. . . . . . 1,500 »

                            Ensemble . . . . . . 3,000 »

Par conséquent, les 1,500 fr. portés au débit à la date du 31 décembre, sont déjà compris dans l'article de 3,000 fr. qui précède sur le livre, pour l'année 1830, et ils forment double emploi.

Ce qui établit évidemment ce double emploi, c'est que sur les livres on ne trouve que deux paiements de 1,500 fr. en 1830, tout comme il n'en existe que deux semblables pour l'année qui précède et pour celle qui suit.

Du 1ᵉʳ janvier 1837 au 29 décembre 1839, M. Louis Dornier n'a plus de compte sur le livre vert, et, comme il a été dit, il ne lui en a point été ouvert sur les livres de l'usine. — A cette dernière date, il en a un au fᵒ 248 du grand livre, mais il est sans importance au procès, il n'a aucun rapport avec le précédent, et il n'est rappelé ici que pour mémoire.

Au grand livre de 1841 à 1843, fᵒ 241, M. Louis a un compte où il est crédité chaque année de 4,000 fr. pour sa pension; mais dans ce compte, qui sous certains rapports paraît faire suite à celui du petit livre vert, il n'est question ni du capital de 60,000 fr. ni des 10,000 fr. qui figurent au débit, ni des 1,550 fr. qui paraissent être des intérêts payés d'avance, et qui, ainsi qu'il a été expliqué, doivent être réduits à 50 fr. Cette dernière somme est le prix du regain du pré de Dampierre en 1834.

Malgré toutes leurs recherches, les experts n'ont rien trouvé qui indiquât qu'il ait été tenu compte de ces diverses sommes, soit à l'avantage, soit au désavantage de M. Louis; seulement, on remarque qu'en 1834 il lui a été retenu sur sa pension 250 fr. pour les intérêts d'un an sur 5,000 fr.; mais on ne voit pas à laquelle des sommes de 5,000 fr. ces intérêts, *qui du reste n'auraient été payés que cette fois*, peuvent se rapporter; d'après la date à laquelle est porté à son débit le billet de 5,000 fr. dit *billet Joseph*, il est présumable que les intérêts concernaient cette valeur.

Or, de deux choses l'une : ou M. Louis Dornier était, comme M. Joseph, créancier de sa mère d'une somme de 60,000 fr., et alors on doit lui faire état de la différence entre ladite somme et celles qu'il a reçues; ou Mᵐᵉ Dornier ne lui devait rien, et dans ce cas il est débiteur de toutes les sommes qui lui ont été comptées.

M. Jean-Baptiste-Auguste Dornier.

Du 30 octobre 1822 au 13 février 1824, M. Auguste a un compte ouvert au grand livre B, f° 209.

Les quatre premiers articles au débit, et s'élevant ensemble à 1,916 fr. sont annulés par cette annotation :

« Mme Dornier ne réclame pas cette somme. »

Il est ensuite débité de divers paiements faits pour son compte, ou de versements à lui faits pour sa pension et autres causes, sans que les articles figurent au journal.

Il est crédité à six différentes fois d'une somme de 500 fr. pour pension et de diverses autres sommes pour prix de ses bois.

Au résumé, ce compte est soldé à deux reprises. La première à la date du 4 août 1823, par un versement en espèces de 1,352 fr. 90 c., ci. 1,352 fr. 90

La seconde à la date du 13 février 1826, par un mandat sur
Bretillot et Cie, de Besançon, de, ci. . . . . 2,900 fr. 65

A la date du 8 septembre 1827, une longue note au journal B, f° 215, mentionne l'acquisition faite par Mme Dornier de la maison et des vignes de M. Auguste, et en détaille le règlement, dont la majeure partie a été fait au profit de M. Rossigneux.

Au grand livre n° 1, f° 85, à la date du 30 septembre 1836, il a été ouvert un compte à M. Auguste ; mais le seul article qui le compose, et qui est de 33 fr. 60 c. à son débit, a été soldé le 1er mai 1837 par le compte de régie de l'usine, c'est-à-dire par profits et pertes.

Puis un compte qui a été régulièrement suivi lui a été ouvert, comme à ses frères et sœurs, au mois de décembre 1839.

Mais, du mois de juillet 1830 au mois de juillet 1839, il a eu un compte sur le livre vert, aux f°s 16 et 68.

Afin qu'il soit plus facile de suivre l'examen de chaque article à mesure qu'ils s'en occuperaient, les experts ont cru devoir présenter d'abord le tableau de toutes les sommes trouvées au débit de Mme Dornier et concernant son fils Auguste.

Dans le relevé qui va suivre, les experts n'ont pas jugé utile de comprendre les paiements effectués pour le prix de la maison de Dampierre et des bois vendus par M. Auguste à sa mère, ni les paiements relatifs à sa propriété de Pesmes, parce que ces affaires ont été liquidées soit au moyen d'une pension pour la propriété de Dampierre, soit par le paiement fait pour le compte de M. Auguste, au premier vendeur de la propriété de Pesmes.

Relevé des sommes payées pour M. Auguste Dornier.

1°	1827, octobre 20.	Remise sur Auguste par MM. Bretillot et Cie	1,067	80
2°	1828, avril 30.	Pour livraison de fer.	100	80
3°	» juillet 31.	Payé à M. Auguste sa pension au 15 j^{et}., suivant acte Cornet du 16 juin dern^r.	3,000	»
4°	1828, septembre 30.	Pour 10 barres de fer, 130 kilog. .	78	»
5°	1829, janvier 9.	Acquit de son billet pour assurances .	32	50
6°	» février 12.	Remise de M. Dornier puîné, au 15 juillet, payée à Auguste . . .	3,500	»
7°	1829, février 27.	Payé par M. Drevon, prix de la bibliothèque de M. Auguste.	6,000	»
8°	» avril 30.	Payé par le même à M. Auguste, le 14 avril, ci	3,000	»
9°	» avril 30.	Pour 6 moules de bois de chêne livrés à M. Auguste	72	»
10°	» »	Pour 12 moules de bois livrés à M. Auguste.	129	»
11°	1829 octobre 30.	Remis pour Mme et de son ordre à M. A....., échu 1er novembre, ci . .	1,300	»
12°	1830 février 28.	Traite sur lui, payé la mère au 15 mars.	1,439	»
13°	» juin 22.	Traite sur lui, payée la mère au 30 juin	246	»
14°	» août 30.	Versement en espèces le 3 mai, par veuve Drevon	2,000	»
		A reporter. . .	21,965	10

			Report. . .	21,965	10
15°	1830 septemb. 6.	Mandat sur Maillard à vue pour sa pension		3,000	»
16°	1831 janvier 22.	Payé par Drevon à Auguste, le 22 juillet . . . . . 2,000 » Même jour, mandat sur ledit, ordre dudit, au 30 septembre. . . 2, 000 » Même jour, mandat sur ledit, ordre dudit, au 1er décembre, ci. . 2, 000 »		6,000	»
17°	1831 juin 6.	Payé par Dufournel, 1/4 de la souscription d'Auguste à l'emprunt. . . .		800	»
18°	» juin 15.	Mandat Tiquet sur Auguste, dont la mère s'est chargée.		292	»
19°	» juillet 1er.	Pour 13 moules de bois à M. Auguste,		196	»
20°	» » 28.	Mandat sur Bretillot et Cie, ordre Auguste, à vue.		3,000	»
21°	» août 1er.	Payé par Dufournel, pour le 2e terme de l'emprunt.		700	»
22°	» » 21.	Pour autant remis à M. Philippe Rochet pour remplacement d'une montre et sa chaîne volées à Auguste, ci . . .		800	»
23°	» » 30.	Mandat à vue de Gauthier, Poirier et Ce sur Auguste, que la mère veut acquitter, ci		1,440	»
24°	» novembre 12.	Mandat d'Auguste sur Marseille, à vue .		1,000	»
25°	» décembre 1er.	Payé par Dufournel, dernier terme de l'emprunt		700	»
26°		Nota. — Les sommes relatives à l'intérêt de M. Auguste dans l'emprunt national ne s'élèveraient qu'à 2,200 fr.; mais			
			A reporter. . .	39,893	10

	Report. . .	39,893	10
	la souscription de la mère étant de 3,000 fr. par terme, et le 30 septembre une somme de 3,800 fr. étant à son débit pour le troisième quart, il est présumable que les 800 fr. formaient le troisième terme de M. Auguste, ci	800	»
27° 1831 décemb. 20.	Deux mandats sur Lyon *remis par ordre de la mère*	6,000	»
28° 1832 mars 1ᵉʳ.	Pour 259 kilog. de fer à M. Auguste . . . . 155 40 Même jour, pour 1,265 kil. moulage, à M. Auguste . 265 65	421	05
29° 1832 mars 27.	Mandat Gaviard, de Dijon, qu'elle (la mère) prend pour son compte. . .	1,453	»
30° » avril 14.	Traite sur Auguste au 20 avril . . .	280	»
31° » juin 30.	Pour 660 kilog. de fer envoyés à Spony pour le compte d'Auguste	396	»
32° » juillet 15.	Partie d'un mandat de Ligney au 30 juin, pour le compte d'Auguste dans une facture dudit	476	»
33° » » 17.	Traite de Girard, de Paris, sur Auguste, au 30 juin	508	»
34° Même jour.	Mandat sur Bretillot et Cⁱᵉ, ordre Auguste, au 20 juillet.	2,492	»
35° 1832 août 1ᵉʳ.	10 moules de bois envoyés à M. Auguste, ci.	80	»
36° »	Même jour. Douze moules de bois et deux cents fagots, envoyés à M. Auguste	130	»
37° 1832 août 12.	Remise sur Auguste Dornier, à vue. .	93	»
	A reporter. . .	53,022	15

| | | | Report. . . . | 53,022 | 15 |

38°	1832 septembre 7.	Mandat sur Dufournel, à vue, ordre Auguste, pour layette des enfants .		1,500	»
39°	1832 novembre 9.	Espèces à Auguste . . . 500			
»	»	Mandat sur Bretillot, ordre dudit, au 20 novembre, pour pension 2,500		3,000	»
40°	1833 janvier 31.	Pour 994 kil. de fer à M. Auguste. .		554	96
41°	» mars 9.	Compté à M. Picot pour Auguste, d'ordre de la mère.		600	»
42°	» janvier 28.	Mandat sur Dufournel au 20 février, pour intérêts des 30,000 fr. des contrats		1,500	»
43°	» mai 1er.	Portion de la facture Ligney, pour vin concernant Auguste		298	»
44°	» juillet 30.	Mandat sur Dufournel au 15, et pour intérêts de 60,000 fr.		3,000	»
45°	1834 février 25.	Mandat sur Dufournel au 1er mars, pour l'intérêt de son préciput		1,500	»

| | | Ensemble . . | 64,975 | 11 |

Les articles portant les numéros 4, 6, 7, 9, 10, 12, 15, 18, 19, 20, 30, 34, 37, 42, 44 et 45, ne font pas partie des conclusions prises contre M. Auguste Dornier.

Les articles numéros 16, 27 et 29 sont portés à son débit, au compte qui lui est ouvert, livre vert f° 16.

Enfin, les articles portant les numéros 15, 20, 33, 34 et 39, figurent également au débit du compte du livre vert, et sont tous motivés pour intérêts ou pour pension. Il en est de même des numéros 42, 44 et 45. Du reste, à partir de 1830 jusques et y compris 1832, il est débité sur le même compte de 3,000 fr. pour les mêmes causes. Pendant les années 1833 à 1836 inclusivement, il est débité et crédité, toujours pour les mêmes causes, de 4,500 fr., et pour les trois années suivantes, la somme est ramenée à 3,000 fr.

Conclusions contre M. Auguste Dornier.

(N°s 1, 2, 3, 4 et 5 desdites conclusions.)

Bien que le jugement du 6 avril 1852 ait statué sur ces cinq points, les experts, pour répondre à la demande de Me Tournier, avoué de M. Auguste, ont dû s'en occuper; or, ces cinq articles figurent exactement au débit de son compte ouvert au grand livre f° 209, et il résulte du règlement de ce compte que M. Auguste a fait état de toutes ces sommes.

N° 6 des conclusions contre M. Auguste Dornier.

Ce chef est ainsi présenté :

« Au f° 217, date du 20 octobre 1827, à lui remis un mandat sur Bernard
» et Bretillot, de. . . . . 1,067 fr. 80 c. »

Sur le brouillard B, au folio et à la date ci-dessus, on lit, dans un article plus étendu, l'extrait suivant :

« *Crédité* MM. Bretillot pour un mandat sur M. Auguste Dor-
» nier. . . . . 1,067 fr. 80 c. »

Par conséquent, ce n'est pas un mandat remis à M. Auguste sur MM. Bernard et Bretillot, mais bien un effet sur M. Auguste, que ces Messieurs ont envoyé en compte à Mme Dornier.

La question à examiner consistait donc à rechercher si M. Auguste avait payé l'effet ci-dessus à sa mère. Or, au journal B f° 218, on trouve dans un article littéralement ce qui suit :

« Il y a lieu de débiter le comptable des recettes ci-après, savoir : qu'il a
» reçu de M. Auguste . . . . 1,067 fr. 80 c. »

D'où il résulte que M. Auguste a payé l'effet dont il s'agit.

N° 7 des conclusions contre M. Auguste Dornier.

Ce chef a pour objet une livraison de fer faite à M. Auguste le 20 avril 1828 ; et, en effet, au journal B f° 243, à la date précitée, se trouve un article ainsi conçu :

« Divers doivent à magasin de fer :
» M. Auguste Dornier, 22 barres de fer . . . . . 100 fr. 80 c. »
Cette somme ayant été portée au débit de Mme Dornier, grand-livre f°..., et non à celui de M. Auguste, ce dernier est bien resté débiteur de ladite somme de 100 fr. 80 c., ci 100 80

N° 8 des conclusions contre M. Auguste Dornier.

Ce huitième chef est ainsi formulé :
« Au brouillard f° 29, date du 30 juillet 1828, compté à M. Auguste en
» espèces, ci. . . . . 3,000 fr. »
Mais au brouillard C f° 29, à la date du 31, et non du 30 juillet 1828, Mme Dornier est débitée par le crédit de la caisse d'une somme de 3,000 fr., *avec le motivé suivant :*
« Compté à M. Auguste Dornier, montant de la rente annuelle que
» Mme Dornier lui a allouée, échue le 15 juillet, suivant acte passé le 16 juin
» dernier, par-devant Cornet, notaire. »
Le développement de l'article fait assez connaître la cause du paiement.

N° 9 des conclusions contre M. Auguste Dornier.

Ce chef est relatif à une somme de 32 fr. 50 c., payée pour assurances, ci 32 50
D'après le brouillard C f° 84, sous la date du 5 janvier 1829, Mme Dornier a effectivement payé la somme ci-dessus pour assurances de la maison de Dampierre ; mais à cette époque Mme Dornier était propriétaire de la maison, pour l'avoir acquise de M. Auguste le 26 novembre 1826 ; la prime d'assurances était donc à sa charge.

N° 10 des conclusions contre M. Auguste Dornier.

Ce chef est exposé de la manière suivante :
« Au f° 127, du 30 avril 1829, payé à M. Auguste en espèces, ci. 3,000 fr. »
Au brouillard C f° 127, et au journal B f° 29, à la date du 30 avril 1829,

Mme Dornier est débitée, par le crédit de M. Drevon-Dunoyer, d'une somme de 3,000 fr., sans autre motif que celui-ci :

« Payé à M. Auguste Dornier. . . . . 3,000 fr. »

D'après le paiement de même somme fait à M. Auguste en 1828, puis dans les années postérieures à 1829, pour sa pension, les experts pensent que le paiement du 30 avril 1829 a pu avoir pour objet la pension de ladite année, d'autant plus que les livres n'indiquent pas à ce sujet d'autres paiements pour ladite année.

N° 11 des conclusions contre M. Auguste Dornier.

La réclamation est ainsi présentée :

« Au f° 47 *bis*, date du 30 octobre 1829, espèces remises, ci. 1,300 fr. »

Au brouillard C f° 47, 2° série, et à la date qui vient d'être rappelée, se trouve un article dont il a été extrait littéralement ce qui suit :

« Divers, caisse.

» Mme Dornier. Comptes particuliers, remis pour Mme Dornier et de son
» ordre, à M. A......, échu 1er novembre, 1,300 fr., ci . . 1,300 fr. »

Cette somme, qui semblerait avoir consisté dans la remise d'un effet, a été portée en bloc avec d'autres au débit de Mme Dornier, grand-livre f° 64.

Les experts ne se croient pas appelés à décider si la lettre initiale A désigne ou non M. Auguste.

Ils feront seulement remarquer que le nombre des points qui suit cette lettre majuscule est égal à celui des lettres qu'il faut pour compléter le mot Auguste, et qu'il existe un fait à peu près analogue au journal f° 165, à la date du 17 juillet 1832, au sujet d'un mandat de 508 fr., avec cette différence cependant que l'initiale A est suivie des deux lettres ^{te}, soit A^{te}.

N° 12 des conclusions contre M. Auguste Dornier.

Cet article a trait à une somme de 246 fr. qui aurait été versée à M. Auguste, ci . . . . 246 fr.

Mais au journal f° 9, à la date du 20, et non du 26 juin 1830, se trouve un article dont voici un extrait littéral :

« Mme Rochet, veuve Dornier, doit à Duchon, Lépine et Cie,
» Sur M. Auguste Dornier fils, au 30 courant, 246 fr., ci . . 246 fr. »

Il résulte évidemment de ces écritures, que MM. Duchon et Lépine avaient adressé à Mme Dornier une remise de 246 fr. sur M. Auguste, et non pas que cette somme lui avait été comptée.

D'ailleurs, sur le même journal même f°, à la date du 1er juillet, Mme Dornier est créditée par le débit de la caisse de la même somme, pour le paiement de la traite effectué par M. Auguste ; d'où il suit que ce dernier n'en est pas resté débiteur.

N°s 13 et 14 des conclusions contre M. Auguste Dornier.

Ces deux chefs présentent entre eux toute analogie et devant être l'objet du même raisonnement, les experts ont dû les réunir.

Le n° 13 est ainsi conçu :

« Au f° 24, date du 30 août 1830, espèces remises . . . 2,000 fr. »

Et le n° 14 est formulé comme suit :

« Au f° 55, date du 22 janvier 1831, remise de trois mandats sur Drevon,
» montant à 6,000 fr., ci. . . . . 6,000 fr. »

Sur le journal F f° 24, à la date du 30 août 1830, Mme Dornier est débitée, par le crédit de M. Drevon-Dunoyer, d'une somme de 2,000 fr., motivée pour espèces comptées dès le 3 mai à M. Auguste.

Au même journal f° 55, sous la date du 22 janvier 1831, Mme Dornier est encore débitée par le crédit de la même maison de Dijon de :

1° Payé à M. Auguste, du 1er juillet. . . . 2,000 ⎫
2° Son mandat ordre M. Auguste Dornier, 30
septembre . . . . 2,000 ⎬ 6,000 fr.
3° Son mandat ordre le même, 1er décembre . 2,000 ⎭

A son compte ouvert au livre vert f° 16, M. Auguste est débité, sans date, de 6,000 fr., avec cette mention qu'il a reçu de Mme veuve Drevon les 1er juillet, 30 septembre et 1er décembre.

Cette somme représente évidemment les trois dernières sommes de 2,000 fr. dont il vient d'être parlé.

Au même compte du livre vert, en décembre 1831, sans date plus précise, M. Auguste est crédité de la même somme de 6,000 fr. en ces termes :

« Qu'il a remboursé à madame sa mère, suivant récépissé . 6,000 fr. »

Ce remboursement paraît se rapporter à la somme de 6,000 fr. portée à son débit comme il vient d'être expliqué.

Quant à l'autre somme de 2,000 fr. faisant l'objet du troisième chef, elle ne figure ni au débit ni au crédit de M. Auguste ; mais ce dernier présente une quittance de sa mère datée du 7 décembre 1830, et ainsi conçue :

« Je reconnais avoir reçu de mon fils Auguste, tant ce présent jour que
» ci-devant, la somme de 8,000 fr. que je lui ai fait payer à diverses reprises
» chez MM. Drevon-Dunoyer et Marion, de Dijon, dans le courant de la pré-
» sente année, dont quittance. »

Cette quittance paraît s'appliquer aux quatre sommes de 2,000 fr. dont il vient d'être fait mention.

M. Auguste Dornier ayant à opposer dans le cours de ces débats plusieurs quittances présentant le même caractère que celle qui vient d'être mentionnée, les experts croient devoir exposer quelques considérations générales qui s'appliquent à toutes ces quittances.

De l'examen attentif des livres, il résulte la reconnaissance des faits ci-après :

Toutes les sommes que les experts ont trouvé avoir été payées à ou pour M. Auguste Dornier, soit qu'il s'agisse d'espèces, d'effets de commerce ou de marchandises, sont l'objet d'écritures sur les livres de l'usine, et forment un article au débit de la mère. De même, lorsque M. Auguste a acquitté entre les mains des employés de l'usine des effets de commerce, ces paiements ont été constatés sur les livres. — Il n'y a d'exception à cette règle que pour un versement de 9,000 fr. fait par M. Lépine, fermier du fourneau de Raucourt, à M. Auguste, et encore ce paiement est confirmé par la manière dont le compte de MM. Lafournière et Lépine en sont crédités à leur compte, livre vert f° 21.

Mais, au contraire, aucune des nombreuses sommes qui, aux termes des quittances présentées par M. Auguste, ont dû être versées à Mme Dornier, ne figure sur les livres de l'usine. Beaucoup ne figurent même pas sur le livre vert, ainsi qu'on l'a déjà vu pour la somme de 2,000 fr. faisant l'objet du treizième chef des conclusions, et ainsi qu'on le verra plus loin pour des sommes plus importantes.

N° 15 des conclusions contre M. Auguste Dornier.

Ce chef de conclusions a pour objet une somme de 3,000 fr. payée par Mme Dornier pour la souscription de M. Auguste dans l'emprunt national en 1831, ci . . . . 3,000 fr.

Cette somme, que l'on trouve au débit de Mme Dornier en quatre articles, journal f°s 88, 97, 107 et 119, ne figure en aucune manière, pas même sur le livre vert, au compte de M. Auguste; mais ce dernier présente une quittance datée du 30 novembre 1831, et qui est ainsi formulée :

« Je déclare avoir reçu de M. Auguste Dornier la somme de 3,000 fr. que » j'ai fait payer pour son compte de la souscription à l'emprunt national. »

N° 16 des conclusions contre le même.

Le seizième chef est relatif à une somme de 800 fr. payée pour le compte de M. Auguste, le 22 août 1831.

Au journal f° 101, sous la date du 21 et non du 22 août de la susdite année, on trouve l'article suivant :

« Mme Rochet, veuve Dornier, doit à Bretillot et Cie pour autant remis à » M. Rochet pour payer la montre et sa chaîne que Mme Dornier remplace à » M. Auguste Dornier, à qui pareille a été volée, 800 fr., ci . . 800 fr. »

Cette somme ne figure nulle part au compte de M. Auguste, et rien n'indique qu'il en ait fait état à sa mère.

N°s 17 et 18 des conclusions contre M. Auguste Dornier.

Les experts ont dû réunir ces deux articles par des raisons qui ressortiront des recherches et du travail d'examen auxquels ils ont donné lieu.

Le dix-septième chef est ainsi conçu :

« Au f° 102, date du 30 août 1831, un mandat de 1,440 fr. à lui remis,
» ci . . . . 1,440 fr. »

Et le dix-huitième chef est rédigé comme suit :

« Au f° 117, date du 12 novembre 1831, à lui remis un mandat de
» 1,000 fr. sur Marseille, ci . . . . 1,000 fr. »

Au journal F f° 102, à la date ci-dessus du 30 août 1831, se trouve un article dont il est extrait ce qui suit :

« Rochet, veuve Dornier, doit à traites et remises, mandat à vue de
» Gauthier, Poirier et Blanchard, sur M. Auguste Dornier, *qu'elle veut*
» *acquitter*, 1,440 fr., ci . . . . 1,440 fr. »

Cette somme ne figure sur aucun compte de M. Auguste ; mais de la rédaction de l'article du journal il ne résulte nullement qu'il a été remis un mandat à ce dernier. Elle explique qu'un mandat tiré sur M. Auguste, et qui avait été envoyé en compte à Mme Dornier, a été payé par elle ou plutôt porté à son débit personnel par son ordre.

Au folio 117 du même journal, à la date du 12 novembre même année, on lit un autre article ainsi raisonné :

« Mme Rochet, veuve Dornier, doit à MM. Duchon et Lépine leur compte
» particulier, leur remise, mandat Auguste Dornier, de Marseille, valeur
» 25 octobre. . . . . 1,000 fr. »

Cette rédaction ne veut pas dire non plus que M. Auguste ait reçu de sa mère un mandat de 1,000 fr. sur Marseille ; mais elle constate que MM. Duchon et Lépine ont envoyé en compte à Mme Dornier un mandat de ladite somme, tiré sur elle par M. Auguste, qui se trouvait alors à Marseille.

Cette somme de 1,000 fr. ne figure également nulle part au compte de M. Auguste ; mais ce dernier produit une quittance à la date du 30 novembre 1831, qui, après avoir stipulé le remboursement de trois mille francs de l'emprunt national, se termine par les termes suivants :

« Plus la somme de 3,082 fr., montant de quatre effets sur lui, ou tirés
» par lui, que j'ai acquittés à sa décharge, dont quittance.—Pesmes, 30 no-
» vembre 1831. — *Signé* Rochet, veuve Dornier. »

En admettant que les deux valeurs dont il vient d'être parlé soient comprises dans la quittance sus-mentionnée, il faudra admettre aussi que, anté-

rieurement à la date de la quittance, Mme Dornier a encore acquitté deux autres effets pour le compte de M. Auguste, et ces deux effets devaient s'élever ensemble à 642 fr., ci . . . . 642 fr.
pour parfaire celle de 3,082 francs.— Or, les effets mentionnés sur les livres à l'époque dont il s'agit ne peuvent pas composer la somme de 3,082 fr.

Ainsi, au journal B f° 317, sous la date du 28 janvier 1830, il se trouve un article qui porte :

« Mme Dornier, compte particulier, doit à traites et remises : N° 776, traite
» sur M. Auguste Dornier au 15 mars, que Mme Dornier a reçue et acquittée,
» ci . . . . 1,439 fr. »

Cet effet de 1,439 fr. ne figure ni au compte de M. Auguste ni aux conclusions du demandeur.

Au journal f° 89, sous la date du 15 juin 1831, se trouve encore un article dont suit un extrait :

« Rochet, veuve Dornier, doit à traites et remises.
» Mandat Tiquet, sur M. Auguste Dornier, au 31 mai, dont Mme Dornier
» s'est chargée. . . . . 292 fr. »

Ce mandat de 292 fr. ne figure pas davantage au compte de M. Auguste et dans les conclusions du demandeur.

Ces deux dernières valeurs complètent bien le nombre des quatre effets portés à la quittance du 30 novembre 1831. Mais en les réunissant aux deux premières, elles forment une somme de. . . . . 4,171 fr.

La quittance n'est donc pas applicable aux quatre effets détaillés plus haut.

Malgré leurs minutieuses recherches, les experts n'ont pu découvrir d'autres valeurs qui, payées antérieurement au 30 novembre 1831, se rapporteraient à ladite quittance.

Il se rencontre bien, à la date du 20 juin 1830, journal f° 9, un article par lequel Mme Dornier est débitée :

« Pour un mandat sur M. Auguste, de 246, ci . . . 246 fr. »

Mais à la date du 1er juillet suivant, Mme Dornier est créditée du même mandat, comme ayant été payée par le tiré M. Auguste Dornier.

Il n'y a donc pas même lieu de s'occuper de ces écritures; d'ailleurs, ce dernier effet, qui est l'objet du numéro 12 des conclusions, augmenterait le nombre des effets et ne se combinerait pas avec la somme de la quittance.

N° 19 des conclusions contre M. Auguste Dornier.

Voici les termes de ce dix-neuvième chef :

« Au f° 184, date du 20 décembre 1831, à lui remis deux mandats mon-
» tant à 6,000 fr., ci . . . . 6,000 fr. »

Au journal E, au f° et à la date rapportés, on lit l'article suivant :

« Mme veuve Dornier doit 6,000 fr. aux suivants, pour autant remis par
» son ordre à M. Auguste Dornier :
» A Richard et Cie, de Lyon, mandat du 17 novembre à
» vue sur Lyon . . . . 3,000 » } 6,000 »
» Mandat dudit jour, à vue sur Lyon . . 3,000 »

Cette somme, qui sur les livres de l'usine est, comme on le voit, au débit de Mme Dornier, a été portée sans date au débit de M. Auguste, à son compte du livre vert, avec cette seule mention :

« A lui remis deux mandats de chacun 3,000 fr., à vue sur Richard et Ce
» à Lyon . . . . 6,000 fr. »

Mais ladite somme figure à son crédit au même compte du livre vert, et elle fait partie d'un article de 16,453 fr., porté également sans date à l'*avoir* du compte avec cette rédaction :

« Pour autant dont Mme Dornier lui a fait quittance, ci . . 16,453 fr. »

D'un autre côté, M. Auguste Dornier oppose une quittance datée du 20 juin 1832, relative précisément à cette somme de 16,453 fr., et de laquelle est extrait ce qui suit :

« M. Auguste Dornier, mon fils, m'a remboursé particulièrement 1°... etc.
» 2° la somme de 6,000 fr. que je lui ai remise suivant le même récépissé,
» (il s'agit d'un récépissé donné par M. Auguste le 20 décembre 1831) en
» deux bons à vue sur Richard et Cie, à Lyon, ci . . . . 6,000 fr. »

Ni cette fraction de 6,000 fr. ni la somme entière de 16,453 fr. ne figurent en remboursement sur les livres de l'usine.

N° 20 des conclusions contre M. Auguste Dornier.

La somme de 3,000 fr. réclamée par ce chef de conclusions est portée au débit de Mme Dornier, par le crédit de MM. Dufournel, journal f° 133 et non 125, à la date du 5 février 1832, avec ce motif :

« Compté à M. Auguste pour sa pension, ci. . . . . 3,000 fr. »
Cet article est au compte du livre vert.

N° 21 des conclusions contre M. Auguste Dornier.

La livraison de fer et fonte faisant l'objet de cette demande est constatée au journal f° 139, du 1er mars et non du 1er mai, par deux articles au débit de Mme Dornier, savoir :

« Au crédit de fers en magasin, pour 259 kilog. livrés à M. Auguste,
» 155 fr. 40 c., ci . . . . 155 fr. 40 c.
» Au crédit de fontes sur place, pour 1,265 k. moulages
livrés au même . . . . 265 fr. 65 c.
                                      ─────────────
                » Ensemble. . . . . 421 fr. 05 c. »

Rien dans les livres n'indique que M. Auguste ait fait état de cette somme à sa mère.

N° 22 des conclusions contre M. Auguste Dornier.

Ce vingt-deuxième chef est ainsi conçu :

« Au f° 142, date du 27 mai 1832, montant d'un mandat, ci 1,453 fr. »
Au f° ci-dessus du journal, mais à la date du 27 mars, et non du 27 mai 1832, se trouve l'article suivant :

« Rochet, veuve Dornier, doit aux suivants :
» D'après l'ordre qu'elle nous en a donné, en présence de M. Philippe Ro-
» chet, à traites et remises, 1,453 fr. mandat de Gagnard aîné, bijoutier à
» Dijon, sur M. Auguste Dornier, payable 29 février, qu'elle prend pour son
» compte, ci. . . . . 1,453 fr. »

Cette somme figure au débit du compte de M. Auguste Dornier, livre vert, sous la date du 29 février 1832 vraisemblablement (l'année n'étant pas désignée), avec cette mention : « Traite de Gagnard aîné, de Dijon, sur lui, ac-
» quittée par Mme Dornier. . . . . 1,453 fr. »

Elle est, d'un autre côté, comprise dans la somme de 16,453 fr. au crédit du même compte, et elle figure en ces termes dans la quittance du 20 juin 1832 :

« Et 3° celle de 1,453 fr., montant de la traite de Gagnard aîné, de Dijon,
» au 29 février, que j'avais acquittée pour le compte de mon fils Auguste. »

N° 23 *des conclusions contre M. Auguste Dornier.*

La somme de 396 fr. pour livraison de fer, qui constitue ce chef de conclusions, est au débit de Mme Dornier, journal f° 161, à la date du 30 juin, et non du 30 janvier 1832, et l'article est causé pour 600 kilogr. de fer envoyés à M. Spony, de Besançon, pour le compte de M. Auguste. Rien dans les livres ne démontre que M. Auguste ait remboursé cette somme à sa mère.

N° 24 *des conclusions contre M. Auguste Dornier.*

La somme de 476 fr. faisant l'objet de ce chef de conclusions est constatée par l'article suivant, du 17 juillet 1832, journal f° 164 :

« A Dufournel frères doivent les suivants :
» Mme Rochet, veuve Dornier, montant d'un mandat de Tiquet de 1,488 fr.
» (avec cette annotation) : Dans cette somme est comprise celle de 476 fr. pour
» le compte de M. Auguste. »

Il s'agissait du montant d'une facture, et rien dans les livres ne permet de reconnaître si M. Auguste a fait état des 476 fr. formant sa portion, et qui ont été payés à sa décharge.

N° 25 *des conclusions contre M. Auguste Dornier.*

Ce vingt-cinquième chef, qui réunit en une seule somme trois articles distincts et qui est ainsi formulé :

« Au f° 165, du 17 juillet 1832, 718 fr. pour une traite sur Paris et bois
» fournis, ci . . . . 718 fr. »
exige un détail qui fasse connaître les causes de chaque article.

Ainsi, au journal f° 165 et à la date sus-rappelée, se trouve un article dont suit l'extrait littéral ci-après :

« Rochet, veuve Dornier, doit aux suivants :
» A traites et remises, ci 508 fr., traite de Girard, de Paris, sur M. A^{te}, au
» 30 juin, ci . . . . 508 fr. »

Et au même journal f° 167, à la date du 1er août, Mme Dornier est encore débitée, par le crédit de compte du bois des Brosses :

« 1° Pour 10 moules à M. Auguste, ci . . . . . 80 ⎫
» 2° Pour 12 moules et 200 fagots au même. . . . 130 ⎬ 210 fr. »

Ces trois sommes composent bien celle de 718 fr. objet de la demande,
ci . . . . 718 fr.

Mais au f° 165 du journal, et dans le même article où figure la traite de 508 fr., on lit à la suite :

« Remise faite à M. Auguste d'un mandat de 2,492 fr., pour, avec l'effet
» ci-dessus, compléter 3,000 fr. pour l'année de pension. »

Ces deux valeurs de 508 fr. et de 2,492 fr., formant bien ensemble celle de 3,000 fr., sont au débit du compte de M. Auguste, livre vert, et les écritures relatives au dernier effet sont ainsi raisonnées :

« Mandat sur Bretillot au 20 pour solder ses intérêts, ci. . 2,492 fr. »

Conséquemment, la somme de 508 fr. faisant partie de celle de 718 fr. n'est pas due par M. Auguste, mais on ne trouve nulle part qu'il ait fait état de celle de 210 fr., montant des deux livraisons de bois, ci. . . 210 fr.

N.° 26 des conclusions contre M. Auguste Dornier.

Ce vingt-sixième chef consiste dans un mandat de 1,500 fr. qui, d'après les conclusions, aurait été fourni par MM. Dufournel sur M. Auguste, ci 1,500 f.

Il y a erreur dans l'énoncé de la demande, car au journal f° 172, et à la date du 7 septembre 1832, indications fournies par les conclusions, se trouve l'article suivant :

« Mme Rochet, veuve Dornier, doit à Dufournel :
» Son mandat à vue ordre de M. Auguste Dornier, *pour la layette de son*
» *enfant*, ci. . . . . 1,500 fr. »

N°s 27 et 28 des conclusions contre M. Auguste Dornier.

Ces deux chefs de conclusions ont été réunis parce que les sommes qu'ils mentionnent se rapportent à un seul et même objet.

Le numéro vingt-sept est ainsi conçu :

« Au f° 182, date du 9 novembre 1832, pour espèces remises, ci 500 fr. »

Le numéro vingt-huit est exposé en ces termes :

« Mêmes f° et date . . . . 2,500 fr. »

Cette somme de 3,000 fr. se trouve portée sur les livres en deux articles au débit de Mme Dornier, et à la date et au f° ci-dessus, savoir :

« 1° Par le crédit de la caisse, pour espèces comptées à M. Auguste, à
» compte de sa pension, 1er janvier, ci . . . . 500 fr.
» 2° Par le crédit de MM. Bretillot, pour un mandat ordre de M. Auguste,
» pour solde de sa pension 1er janvier, 2,500 fr., ci. . . . 2,500 fr. »

Ces deux sommes, ensemble 3,000 fr., sont portées au débit de M. Auguste, à son compte au livre vert, avec le détail et le motivé du journal ; conséquemment elles ne seraient pas dues.

N° 29 des conclusions contre M. Auguste Dornier.

Cette réclamation repose sur une livraison de fer s'élevant à 554 fr., ci . . . . 554 fr.

En effet, au journal f° 198, à la date du 31 janvier 1833, Mme Dornier est débitée par le compte de fers en magasin, d'une somme de 554 fr. pour 991 kilogr. de fer livrés à M. Auguste.

Cette somme ne figure pas au compte du livre vert, et rien dans les livres ne fait connaître que M. Auguste l'ait remboursée à sa mère.

N° 30 des conclusions contre M. Auguste Dornier.

Ce chef de conclusions, qui a pour objet une somme de 600 fr. comptés au sieur Pécot pour du vin livré à M. Auguste, ci . . . . 600 fr., est ainsi établi au journal, f° 305, à la date du 9 et non du 8 mars 1833 :

« Mme veuve Dornier doit à la caisse, pour autant compté à Pécot par son
» ordre, pour le compte de M. Auguste, ci. . . . . . . 600 fr. »

Cette somme ne figure pas non plus au compte du livre vert, et rien dans les livres ne fait connaître que M. Auguste en ait fait état à sa mère.

N° 31 des conclusions contre M. Auguste Dornier.

Il s'agit dans ce chef d'une somme de 298 fr. payée encore pour du vin, ci . . . . 298 fr.

Au journal f° 216, à la date du 1er mai, et non du 30 avril 1833, se trouve un article dont il a été extrait ce qui suit :

« Mme Rochet, veuve Dornier, doit à compte de rente :
» L'acquit de la traite de Ligney et Danzier, pour fourniture de vin, dans
» laquelle il y a 298 fr. pour le compte de M. Auguste Dornier. »

D'après ces écritures, Mme Dornier a payé 298 fr. pour le compte de son fils ; mais rien, ni au livre vert ni sur les autres livres, ne démontre le remboursement de cette somme.

Articles en dehors des conclusions contre M. Auguste Dornier.

L'article qui va suivre n'a pas été porté au relevé qui est en tête du chapitre relatif à M. Auguste.

Aux termes d'un acte reçu Me Cornet, le 9 novembre 1826, M. Auguste Dornier a vendu à sa mère une maison située à Dampierre et un lot de bois situé sur Orain, pour entrer en jouissance de suite, moyennant le prix de 40,000 fr., stipulé dans l'acte payé comptant, ci. . . 40,000 fr. »

Au journal B f° 197, il existe une note sans date, mais placée entre deux articles datés du 26 novembre 1826, qui paraît établir les véritables conditions de la vente en question.

De cette note il résulterait que la vente, qui n'a été constatée par acte authentique que le 9 novembre 1826, était convenue entre les parties dès le 1er janvier de la même année, pour le prix de 64,000 fr., sur lequel un à-compte de 4,000 fr. aurait été payé comptant, et que les 60,000 fr. restants devaient produire intérêts dudit jour 1er janvier 1826.

D'un compte qui fait suite à la note insérée au journal, il résulte qu'il a été fait état à M. Auguste Dornier de la somme de 67,300 fr., pour le capital et deux années d'intérêts à 6 p. 0/0, échus le 1er janvier 1828.

Et que, enfin, cette somme de 67,300 fr. a été comptée à M. Auguste en divers paiements détaillés en ladite note, et figurant exactement sur les livres; seulement, quelques-uns sont inscrits à des dates postérieures à la note.

Mais, d'un autre côté, au journal B f° 173, sous la date du 28 décembre 1825, c'est-à-dire à une date antérieure de onze mois à celle de la note ci-dessus mentionnée, il existe un article ainsi conçu :

« Créditer MM. Gibaut et Cie, notre ordre M. Auguste Dornier, au 29 cou-
» rant, pour solde de l'intérêt de 60,000 fr. qui lui sont dus pour ses bois et
» sa maison, ci . . . . 3,600 fr. »

Cette somme de 3,600 fr., payée ainsi à M. Auguste, ne figure pas dans le compte établi à la suite de la note précitée. D'où il suit qu'elle ferait double emploi, à moins qu'il ne soit constaté que les intérêts des 60,000 fr., prix de la vente, contrairement à l'énoncé des livres, ont commencé à courir le 1er janvier 1825, au lieu du 1er janvier 1826.

Deux faits paraissent venir à l'appui de cette dernière hypothèse.

D'une part, la somme de 3,600 fr. en question a été payée le 28 décembre 1825, sans qu'il soit énoncé que ce paiement a été fait par avance et pour des intérêts qui n'avaient pas encore commencé à courir.

D'autre part, la somme de 4,000 fr. stipulée payée comptant figure au journal B f° 153 dès le 25 avril 1825, c'est-à-dire huit mois avant le jour où, d'après la note du même jour, la vente aurait été arrêtée.

D'après cet exposé, les experts restent dans l'indécision sur la question de savoir si la somme de 3,600 fr. forme ou non double emploi.

N° 4 du relevé concernant M. Auguste Dornier.

Au brouillard C f° 123, Mme Dornier est débitée, à la date du 30 septembre 1828, de 78 fr. pour 10 barres de fer, 130 kilogr. pour son compte à M. Auguste, ci. . . . . 78 fr.
Nulle part il n'est indiqué que cette somme, qui ne fait pas partie des conclusions, ait été remboursée par M. Auguste.

N° 6 du même relevé concernant M. Auguste Dornier.

Au journal B f° 279, il existe un article mentionnant au crédit de M. Dornier puîné cinq traites sur MM. Dufournel, à diverses échéances. En regard de chacune de ces cinq traites, il existe une note expliquant la destination qui lui a été donnée. Ainsi, pour la traite portant le n° 394, de 3,500 fr., au 15 juillet, on lit l'annotation suivante, écrite à l'encre rouge :
« Payé à M. Auguste Dornier et fait compte du surplus à Mme Dornier. »
Les experts n'ont pas trouvé d'autre preuve que cette traite eût été payée entre les mains de M. Auguste, et ils n'ont rien trouvé non plus qui justifie qu'il en eût fait compte.
Trois des traites sont notées avoir été remises à Mme Dornier, et la dernière comme ayant été envoyée à M. Maillard.
Enfin, en marge de l'article sont écrits ces mots : « Pour mémoire seule-
» ment, » et à la fin de ce même article ceux-ci :
« *Nota*. Ces traites ne font pas partie des écritures de l'usine, Mme Dornier
» désirant en recevoir particulièrement le montant, comme provenant de ses
» revenus particuliers. »

N°^{os} 9 et 10 du relevé concernant M. Auguste Dornier.

Au journal C f°s 122 et 129, mais à la même date du 30 avril 1829, Mme Dornier est débitée à son compte particulier :
« 1° Livré ensuite de son ordre à M. Auguste Dornier, 6 moules de bois

» de chêne, 72 fr., ci . . . . 72 fr.
» 2° Prix de 12 moules de bois livrés à M. Auguste Dornier pour son
» chauffage, 129 fr., ci . . . . 129 fr. »

Rien n'établit que M. Auguste ait fait état de ces deux sommes, qui ne font pas partie des conclusions et qui s'élèvent ensemble à . . . . 201 fr.

Les experts ont passé sous silence le numéro 7 du relevé, attendu qu'il consiste en une somme de 6,000 fr. pour le prix de la *bibliothèque de M. Auguste*.

Le numéro 12, qui consiste en une traite de 1,439 fr., a été compris dans l'examen et les recherches concernant les n°s 17 et 18 des conclusions, bien qu'il ne fît pas partie de ces dernières.

Le numéro 15 du relevé constate le paiement de 3,000 fr. en un mandat à vue sur M. Maillard, pour pension.

Le motivé de cet article dispense de toute observation, et, d'un autre côté, il figure au débit de M. Auguste, à son compte du livre vert.

Le numéro 18, consistant en un mandat sur M. Auguste de 292 fr., a fait aussi partie de l'examen des n°s 17 et 18 des conclusions, parmi lesquelles il ne figure pas.

N° 19 du relevé des articles concernant M. Auguste Dornier.

Au journal f° 93, et à la date du 1er juillet 1831, Mme Dornier est débitée d'une somme de 196 fr. pour bois livré à M. Auguste, ci . . . 196 fr.

Rien dans les livres n'indique que M. Auguste ait fait état de cette somme, qui n'est pas comprise non plus dans les conclusions.

Le numéro 20 consiste en une somme de 3,000 fr., payée à M. Auguste par un mandat à vue sur Besançon.

Ce mandat est au débit de son compte au livre vert.

Le numéro 30 a pour objet une remise de 280 fr. sur le même, envoyée à l'usine par M. Maillard, valeur en compte. Cet effet, qui était à l'échéance du 20 avril 1832, se trouve plus loin au débit de la caisse. D'autres effets semblables se rencontrent encore sur les livres ; mais leur rentrée par caisse les met comme celui-ci hors de toutes contestations.

Le même raisonnement serait à faire au sujet de l'article n° 37, pour une remise sur M. Auguste, à vue, de 93 fr., ci . . . . 93 fr.

Mais cette valeur, qui est régulièrement entrée par le débit de traites et remises, à la date du 12 août 1832, n'est sortie que le 6 juin 1833, par un article au journal f° 224, ainsi conçu :

« Compte de rente doit 243 fr. à veuve Drevon-Dunoyer et Marion, leur
» remise sur M. Auguste, à vue, 150 fr.; à traites et remises, pour une remise
» de 93 fr., qui n'a pas été payée par M. Auguste Dornier, portée au compte
» de M. Guenard à l'époque qu'il a quitté, ci . . . . . . 93 fr. »

La dernière section de cet article est peu intelligible. Le compte de rente était un compte de recettes et dépenses spécial au roulement de l'usine ; l'a-t-on chargé dans cette circonstance d'une recette qui n'a pas été effectuée ?

Les articles numérotés 42, 44 et 45 se rapportent à des paiements faits à M. Auguste, tant pour la rente de 1,500 fr. qui lui a été constituée par son contrat de mariage, que pour les intérêts du prix de sa maison de Dampierre et de son bois d'Orain, intérêts qui sont souvent désignés sous le nom de pension. Ces sommes sont portées à son débit, à son compte au livre vert, où les mêmes sortes de paiements sont inscrites jusques et y compris l'année 1839.

Sur le livre vert, à la date du 20 décembre 1831, M. Auguste est débité d'une somme de 9,000 fr. dont il n'y a aucune trace sur les livres de l'usine, et dont il a déjà été fait mention dans l'examen des treizième et quatorzième chefs de conclusions. Cet article est passé en ces termes :

« A lui remis récépissé de madame sa mère, 31 décembre, sur Lafournière
» et Lépine, 9,000 fr., ci. . . . . 9,000 fr. »

MM. Lafournière et Lépine étaient alors fermiers du fourneau de Renaucourt, et devaient en cette qualité à Mme Dornier un fermage qui paraît avoir été de 10,000 fr. par an.

La somme ci-dessus est au crédit des fermiers, sur le compte qui leur a été ouvert, livre vert f° 21, sous la date du 21 novembre 1821, avec cette rédaction :

« Récépissé de Mme Dornier, 31 décembre, remis à M. Auguste, 9,000 fr.,
» ci . . . . 9,000 fr. »

Cette même somme de 9,000 fr. fait partie de la somme de 16,453 fr. dont il a déjà été parlé, et qui est portée au crédit de M. Auguste, à son susdit compte; elle fait aussi partie de la quittance du 20 juin 1832, présentée par M. Auguste, laquelle a déjà été citée et qui contient ce paragraphe répété textuellement :

« M. Auguste Dornier, mon fils, m'a remboursé particulièrement :
» 1° La somme de 9,000 fr., que je lui ai prêtée sur récépissé du 20 dé-
» cembre 1831. »

Ni cette somme de 9,000 fr. ni celle de 16,453 fr. ne figurent sur les livres de l'usine, et la première n'est pas comprise dans les conclusions.

Madame de Lejeas, née Dornier.

Mme de Lejeas n'a pas de compte sur les livres.

A partir du 5 mai 1828, jusques et y compris le mois de mai 1839, elle en a un ouvert au livre vert f° 18, et chaque article, tant au débit qu'au crédit, est régulièrement de 3,000 fr.; tous ceux du crédit sont motivés pour sa pension.

Au même livre vert f° 24, il a été aussi été ouvert un compte à M. Lejeas, de Dijon. Il se compose de quatre articles au débit, le premier à la date du 8 octobre 1829, et le dernier à celle du 24 mars 1833. Il n'y a rien au crédit.

En 1839, Mme de Lejeas a un compte au grand livre comme tous les autres co-héritiers.

Dans le relevé qui va suivre, les experts n'ont cru devoir comprendre que les sommes qui ne figurent pas au compte du livre vert.

Relevé des articles concernant Mme de Lejeas.

1° 1809 mai 20.	Compté par Carteret frères à Mme de Lejeas.	3,100	»
2° 1816 mai 10.	Mandat ordre Mme de Lejeas, sur Dunoyer-Robinet, au 30 courant. .	2,595	70

3° 1817 mars 2.	Compté par Dunoyer à Mme de Lejeas, pour supplément de jouissance à échoir 5 mai prochain	3,100	»
4° 1817 août 17.	Mandat sur Randon de Latour, au 18 juillet, ordre Lejeas, pour autant reçu à Luxeuil, ci	400	»
5° 1818 juin 9.	Mandat ordre Lejeas sur Dunoyer, pour supplément de jouissance, échu le 5 mai, ci.	3,100	»
6° 1819 juillet 1er.	Mandat ordre dame Lejeas sur Dunoyer, à vue, pour jouissance échue le 5 mai	3,100	»
7° 1820 juin 11.	Mandat ordre Lejeas sur Dunoyer . . . . . 3,100 Même date, mandat ordre dameLejeas, sur Dunoyer 800	3,900	»
8° 1820 novembre 5.	Compté à Mme de Lejeas par Dunoyer-Robinet	505	»
9° 1821 juillet 16.	Compté à Mme de Lejeas par Dunoyer-Robinet, valeur 26 mai . .	3,100	»
10° 1822 mai 16.	Mandat ordre Mme de Lejeas sur Dunoyer-Robinet, à vue	3,100	»
11° 1822 juillet 14.	Pour autant que Mme fait compter par Dunoyer-Robinet à Mme de Lejeas.	2,000	»
12° 1823 juillet 5.	Pour autant que Mme Dunoyer a versé à Mme de Lejeas	5,000	»
13° 1824 avril 12.	Payé par M. Dunoyer à Mme Lejeas, suivant ordre.	3,000	»
14° 1827 mai 15.	Payé par le même à Mme Lejeas . .	3,000	»
	On trouve encore sur les livres les trois articles suivants, pour lesquels figure le nom de M. de Lejeas, et non celui de Madame :		

1820 octobre 26.	Mandat ordre de M. de Lejeas aîné, de Dijon, au 10 octobre.	8,000 »
1832 juillet 30.	Pour 850 kilog. fer à M. de Lejeas, d'Aiserey	493 »
1833 janvier 31.	Pour 1,381 kilog. fer livré à M. de Lejeas	773 36

Dans le relevé ci-dessus, les articles numérotés 4, 7, 8 et 11 font seuls partie des conclusions, qui comprennent aussi les trois articles au nom de M. de Lejeas.

Conclusions contre Mme de Lejeas. — N° 2 desdites conclusions.

Ce chef de conclusions est ainsi conçu :

« Aux f°s 403 du journal et 437 du grand livre, date du 17 août 1817, elle
» a remis 400 fr., ci . . . . 400 »

Au f° 403 du journal, il ne se trouve pas de somme de 400 fr. concernant Mme de Léjeas, et le grand livre ne va pas jusqu'au f° 437 ; mais au journal A, f° 424, à la date ci-dessus, on lit un article rédigé comme suit :

« Dame Rochet, veuve Dornier, doit à Randon de Latour,
» Pour acquit de son mandat du 18 juillet, ordre Lejeas, pour autant remis
» à Luxeuil. »

Ainsi, d'après ces écritures, il n'a pas été remis 400 fr. en espèces à Mme Lejeas, mais bien un mandat de cette somme pour la rembourser d'autant qu'elle aurait avancé à sa mère étant à Luxeuil. Les experts sont d'avis qu'on ne peut pas entendre l'article autrement.

N° 3 des conclusions contre Mme de Lejeas.

La demande qui en fait l'objet est ainsi présentée :

« Du 4 juin 1822, mandat montant à 3,900 fr., ou 800 fr. de plus que son
» compte, ci . . . . 800 fr. »

A la date du 4 juin, il n'y a aucun article qui soit relatif à Mme Lejeas ; mais à la date du 11 juin 1822, journal A f° 546, se trouve l'article suivant :

« Mme Rochet, veuve Dornier, doit à Dunoyer-Robinet l'acquit de ses deux
» mandats ordre Mme de Lejeas, 3,100 fr. et 800 fr., ensemble 3,900 fr. »

Il était payé à Mme de Lejeas par sa mère une pension annuelle de 3,100 fr., chiffre qui a été réduit à 3,000 fr. à partir de l'année 1824.

On doit donc considérer le mandat de 3,100 fr. comme étant le paiement de la pension de 1822. C'est d'ailleurs ainsi que paraît le comprendre le demandeur, qui limite sa réclamation au mandat de 800 fr.

Pour ce dernier, on ne trouve aucune cause qui le justifie, et rien n'indique que Mme de Lejeas ait fait état de la somme de 800 fr. à sa mère.

N° 4 *des conclusions contre Mme de Lejeas.*

Ce chef de conclusions a pour objet une somme de 503 fr. comptée à Mme de Lejeas, ci . . . . 503 fr.

En effet, au journal A f° 561, à la date du 5 novembre 1821, et non du 5 septembre, existe l'article qui va être transcrit :

« Mme Rochet, veuve Dornier,
» Doit à Dunoyer-Robinet, qui l'a compté à Mme de Lejeas, 503 fr.,
» ci . . . . 503 fr. »

Aucune cause n'est assignée à ce paiement, et l'on ne voit pas dans les livres que Mme de Lejeas en ait fait état à sa mère.

N° 5 *des conclusions contre Mme de Lejeas.*

La réclamation consiste en une somme de 2,000 fr. qui lui a été comptée à Dijon.

Or, le journal B f° 30, et à la date du 14 juillet 1822, contient l'article ci-après :

« Caisse à Dunoyer-Robinet, pour autant que Madame lui a fait compter à
» Mme de Lejeas, ci . . . . 2,000 fr. »

Malgré la singulière rédaction de l'article, c'est Mme Dornier qui est débitée de la somme ; il en résulte néanmoins que Mme de Lejeas a reçu 2,000 fr., et comme le 13 mai de la même année elle avait été payée de sa pension en un mandat de 3,100 fr. sur la susdite maison, on ne voit plus de cause au paiement de 2,000 fr. dont Mme de Lejeas est restée débitrice, rien ne faisant connaître qu'elle en ait fait état.

N° 6 des conclusions contre Mme de Lejeas.

Ce chef a pour objet une somme de 3,000 fr. qui aurait été comptée le 22 juillet 1831 à Mme de Lejeas par Mme Drevon, ci . . . . . 3,000 fr.

Il n'existe à cette date aucun article pouvant se rapporter à cette demande, mais à la date du 22 janvier même année, Mme Dornier est débitée, au f° 55 du journal, de 3,000 fr. payés le 5 mai ou valeur 5 mai à Mme de Lejeas, et à cette dernière date du 5 mai 1830, le compte de Mme de Lejeas au livre vert est débité de ladite somme de 3,000 fr., qui représente la pension de 1830. Si dans la même année 1831, les livres constatent deux paiements de 3,000 fr., on vient de voir que cela provient de ce que le paiement de 1830 n'a été porté au journal que le 22 janvier 1831. C'est ainsi que le paiement de la pension de 1828 a été inscrit le 29 mai de la même année ; celui de la pension de 1829, le 26 octobre de ladite année ; celui de la pension de 1830, le 22 janvier 1831 ; et enfin celui de la pension de 1831, le 1er mai de la même année 1831. Du reste, tous ces paiements figurent au compte du livre vert, bien que les dates ne concordent pas avec celles des journaux de l'usine.

N° 7 des conclusions contre Mme de Lejeas.

Il est inutile de rappeler les termes dans lesquels est présenté ce chef de conclusions.

« Du 1er février 1832, f° 76, compté à M. Lejeas fils pour sa mère,
» ci . . . . 3,000 fr. »

Au journal f° 131 et non 76 (à ce dernier f° est inscrit le paiement de la pension), à la date ci-dessus se trouve l'article suivant :

« Mme Rochet, veuve Dornier,
» Doit à Drevon-Dunoyer et Marion, pour sa remise 4, à M. de Lejeas
» fils, ci . . . . 3,000 fr. »

Il n'est nullement question de Mme de Lejeas, comme le disent les conclusions, mais au compte ouvert de M. de Lejeas, livre vert f° 24, cette somme est portée au débit à la date du 2 février 1832, avec la mention suivante :

« Lettre à veuve Drevon de remettre à M. de Lejeas fils, lequel est chargé
» d'acquitter des dépenses pour le compte de sa grand'mère, ci 3,000 fr. »

Il a été dit déjà que rien ne figurait au crédit de ce compte de M. de Lejeas.

$N°$ 8 des conclusions contre Mme de Lejeas.

Ce huitième chef est relatif à une livraison de fer s'élevant à la somme de
773 fr. 36 c., ci 773 36

Il est ainsi constaté au journal f° 198, à la date du 31 janvier 1833 :

« Les suivants doivent à fers en magasin :

» Mme Rochet, veuve Dornier, livré à M. Lejeas 73 b. 1,381 kilogr. à
» 5 fr. 60 . . . . 773 fr. 36 c. »

Il résulte de ces écritures que M. de Lejeas, qui paraît être le mari de
Mme de Lejeas née Dornier, a reçu de sa belle-mère une valeur de 773 fr.
36 c. en marchandises. On ne découvre rien dans les livres qui puisse servir
à établir qu'il en a fait état, et la somme ne figure pas à son compte du livre
vert.

$N°$ 9 des conclusions contre Mme de Lejeas.

Ce chef de conclusions est présenté de la manière suivante :

« Du 27 mars 1833, f° 208, 3,000 fr., montant d'un mandat sur Drevon,
» envoyé à M. de Lejeas, ci . . . . 3,000 fr. »

Un article du 24, et non du 27 mars 1833, journal f° 208, est ainsi
rédigé :

« Mme Rochet, veuve Dornier,

» Doit à veuve Drevon-Dunoyer et Marion,

» Notre mandat ordre Lejeas fils au 30 mars, ci. . . . 3,000 fr. »

Cette somme est portée au débit du compte de M. Lejeas, livre vert f° 24,
en ces termes :

« Mandat sur veuve Drevon à M. Lejeas fils, par ordre de Mme Dornier,
» ci . . . . 3,000 fr. »

Dans les écritures, soit du journal, soit du petit livre vert, il n'est nullement question de Mme de Lejeas.

N° 10 *des conclusions contre Mme de Lejeas.*

Ce dixième chef, qui a pour objet une somme de 493 fr. pour livraison de fer, est constaté au journal f° 166, à la date du 30 juillet 1832, par l'article suivant :

« Mme Rochet, veuve Dornier, doit à fers en magasin :
» Prix de 850 kilog. fer, envoyé à M. de Lejeas, d'Aiserey, à 5 fr. 80 c.,
» ci . . . . 493 fr. »

Rien dans les livres n'indique que M. de Lejeas ait fait état de cette somme à Mme Dornier.

N° 11 *des conclusions contre Mme de Lejeas.*

Ce dernier chef est ainsi formulé :
« Du 4 mars 1831, livre particulier, 1,100 fr. remis par Mme Dornier à
» M. de Lejeas fils, pour prêt à sa mère, ci . . . . . 1,100 fr. »

On ne trouve au journal aucun article relatif à ce paiement, qui paraît avoir été fait directement par Mme Dornier.

Au petit livre vert f° 24, on lit, au débit du compte de M. de Lejeas, déjà mentionné, sous la date du 14 mai, et non du 4 mars 1831, l'article suivant, copié textuellement :

« Remis par Mme Dornier à M. Lejeas fils, par prêt, 1,100 fr.,
» ci . . . . 1,100 fr. »

Ainsi, il n'est dit en aucune façon que la somme remise à M. Lejeas fils était pour le compte de sa mère.

Articles en dehors des conclusions prises contre Mme de Lejeas.

Il est établi en fait, et il n'est pas contesté, que Mme Dornier payait à Mme Lejeas une pension annuelle qui, longtemps fixée à 3,100 fr., a été plus tard réduite à 3,000 fr.

Pour un grand nombre d'années, on retrouve sur les livres la preuve du paiement de cette pension, quoique quelquefois les articles ne mentionnent pas la cause du paiement.

Le numéro 1er du relevé qui est en tête du chapitre de Mme de Lejeas, explique suffisamment par la somme (3,100 fr.) que le versement avait pour objet la pension de Mme de Lejeas.

Depuis l'année 1809, époque de ce paiement, jusqu'à l'année 1816, on ne rencontre sur les livres aucune trace du paiement de la pension, qui a pu être servie directement par Mme Dornier sur ses revenus particuliers.

Mais à la date du 10 mai 1816, au journal A f° 364, Mme Dornier est débitée, par le crédit de M. Dunoyer-Robinet, d'une somme de 2,595 fr. 70 c. pour un mandat à l'ordre de Mme de Lejeas, sans que la cause en soit indiquée.

Cet article forme le numéro 2 du relevé.

Aucune autre somme ne figurant sur les livres pour la pension de l'année 1816, les experts pensent que ce paiement peut être considéré comme faisant partie du règlement de la pension de ladite année.

Ce qui peut-être viendra à l'appui de cette opinion, c'est que cette somme de 2,595 fr. 70 c. ne fait pas plus partie des conclusions que celle de 3,100 fr. qui la précède. Postérieurement à cette rédaction, les experts ont retrouvé dans les papiers le mandat fourni pour la somme ci-dessus, et son motivé pour solde de supplément de jouissance au 5 courant ne laisse aucune incertitude dans l'appréciation des experts.

Les articles numérotés 3, 5, 6, de 3,100 fr. chacun, la même somme de 3,100 fr. comprise dans l'article 7, et les articles 9 et 10, également de 3,100 fr. l'un, représentent tous les paiements de la pension pour les années 1817 à 1822.

Mais pour l'article 12, la somme dépasse le chiffre ordinaire de la pension.

Cet article est raisonné comme suit, au journal B f° 76, sous la date du 5 juillet 1823 :

« Caisse au suivant doit :

» M. Dunoyer, pour autant qu'il a versé à Mme de Lejeas, 5,000 fr.,
» ci . . . . 5,000 fr. »

Quelque bizarre et irrégulière que soit cette écriture, elle n'en constate pas moins le paiement de 5,000 fr., et en admettant que sur cette somme celle de 3,100 fr. soit applicable à la pension de cette année, dont le paiement n'est indiqué d'aucune autre manière, il resterait 1,900 fr. pour lesquels on ne trouve pas de cause, et dont rien ne démontre que Mme de Lejeas ait fait compte.

Les experts feront remarquer qu'en 1822 Mme de Lejeas avait reçu deux fois 3,100 fr., dont 2,000 fr. ont fait l'objet du cinquième chef des conclusions, et que la somme de 5,000 fr. qu'elle a reçue en 1823 n'a donné lieu à aucune réclamation.

Les numéros 13 et 14 du relevé, de 3,000 fr. chacun, formaient vraisemblablement le montant de la pension pour les années 1827 et 1828, observant qu'on ne trouve aucun paiement pour les années 1825 et 1826.

Enfin, au journal B f° 307, sous la date du 20 octobre 1828, et au brouillard C f° 44, 2e série, sous la date du 18 octobre même année, existe l'article suivant :

« Mme veuve Dornier,
» Son compte particulier, à veuve Drevon-Dunoyer, que cette dernière a
» acquitté le 10 octobre, mon mandat ordre Lejeas aîné, de Dijon, 8,000 fr.,
» ci . . . . 8,000 fr. »

Cette somme de 8,000 fr. figure au débit du compte de M. Lejeas, livre vert, à la date du 8 octobre 1829, en ces termes :

« Prêté et fait payer par veuve Drevon, à Dijon, 8,000 fr. »

Ainsi qu'il a été dit, rien n'a été porté au crédit de ce compte, et dans les écritures postérieures on ne trouve rien sur les livres qui indique que cette somme ait été remboursée.

Madame Moine, née Dornier.

Mme Moine n'a pas de compte ouvert sur les livres de l'usine.

Depuis le 1er décembre 1830 jusqu'au 1er août 1839, elle en a un au petit livre vert f°s 41 et 61 ; ce compte est assez irrégulièrement suivi.

M. Camille Moine a eu un compte ouvert sur le grand-livre de l'usine en août 1833, par un seul article de 22 fr. 40 c. pour fer livré, lequel article, reporté d'année en année, forme la première ligne du compte qui, de même qu'à ses cohéritiers, lui a été ouvert en 1839, époque à laquelle ont commencé à être passées avec régularité toutes les écritures concernant les enfants Dornier.

Depuis et compris l'année 1830, les époux Moine ont joui d'une pension annuelle de 5,000 fr. que leur faisait Mme veuve Dornier. Cette pension, contestée en 1834, est devenue obligatoire à partir du 1er mai de cette dite année, en vertu d'un jugement du Tribunal civil de Gray du 15 avril 1835.

Relevé sur les journaux des articles concernant Mme Moine.

1° 1818 juillet 29. Prix d'un huilier et d'une écuelle en argent payés par Dunoyer . . . . 550 »

2° 1818 août 12. Prix de douze services d'argent payés par Dunoyer, de Dijon . . . . 544 »

3° 1818 décembre 9. Mandat sur Dunoyer-Robinet, à vue, ordre Camille Moine, pour solde . 3,102 45

4° 1819 juillet 21. Mandat sur Dunoyer, ordre Camille Moine, pour le canon du bail de son fourneau de Renaucourt, qu'elle (la mère) touche de M. Pochet. . 10,000 »

5° 1827 novembre 22. Note relative à la garantie donnée par Mme Dornier à M. Tramoy en faveur de M. Moine, pour une somme en principal et intérêts de 15,280 15

6° 1830 janvier. Paiement à M. Tramoy, premier terme de la dette Moine. . . 6,621 38

7° 1831 février 1er. Paiement à M. Tramoy, deuxième terme de la dette de M. Moine. . 5,629 55

8° 1831 mai 5. Pour une remise sur Paris et commission de 2,512 50

9° 1831 décembre 16. Mandat sur Dufournel, ordre Tramoy,
solde de la dette de Moine . . . 5,348 03
10° 1832 janvier 1er. Une remise sur Paris cédée à M. Moine
sur son mobilier, ci. . . . . 3,000 »
11° 1832 janvier 7. Cinq effets remis à Camille Moine sur
son mobilier . . . . 9,000 »
12° 1832 mai 14. Mandat sur Dufournel, ordre Camille
Moine, deux jours de vue . . . 2,500 »
13° 1832 août 14. Mandat sur Dufournel, ordre Camille
Moine, au 25 août . . . . . 4,950 »
14° 1832 décembre 15. Mandat sur Gibaut, de Dole, ordre dudit, pour pension de son épouse . 2,500 »

Tous les articles subséquents ont pour objet le paiement de la pension, à l'exception d'un article de 6,000 fr. d'abord porté au débit d'un compte intitulé *Dornier frères et beaux-frères*, et dont il sera parlé plus loin.

Les numéros 6, 7, 8, 9, 10 et 11 du relevé ci-contre font seuls partie des conclusions.

Conclusions contre Mme Moine. — N°s 1, 2 et 3 desdites conclusions.

Ces trois chefs, se rapportant à la même créance, devaient être examinés simultanément.

Le premier est ainsi formulé :

« Du 9 janvier 1830, f° 316, livre B, et du 1er décembre même année,
» Mme Dornier a payé à M. Tramoy, pour le compte de Mme Moine,
» ci. . . . . 6,621 fr. 35 c. »

Le second chef est présenté en ces termes :

« Du 1er février 1831, f° 59, payé de même. . . 5,629 fr. 55 c. »

Enfin, le troisième est ainsi conçu :

« Du 16 décembre 1832, f° 123, payé de même . 5,348 fr. 03 c. »

Ces trois chefs forment donc un total de. . . . 17,598 fr. 93 c.

Au journal B, f° 316, il existe une note sans date, intercalée entre des articles aux dates des 24 et 30 janvier 1830, portant que, le 9 janvier de ladite année, Mme Dornier a payé de ses fonds particuliers à M. Tramoy, suivant le détail de l'article f° 229 (c'est f° 219 bis), la somme de 6,621 fr. 38 c., dont :

5,093 fr. 38 c. pour le tiers de. 15.280 15

Fr. . . . . 5,093 38 ⎫
1,528 fr. pour les intérêts de deux ans, échus   ⎬ 6,621 f. 38
  1er courant. . . . . 1,528 » ⎭

Au journal f° 58, et non 59, à la date du 1er février 1831, Mme Dornier est débitée par le crédit de MM. Dufournel d'une somme de 5,629 fr. 55 c., ainsi motivée :

« Payé à M. Tramoy, pour deuxième terme de
  » sa créance sur M. Moine . . . . . 5,602 69 ⎫
» Payé audit Tramoy, pour intérêts à 5 p. 0/0   ⎬ 5,629 f. 55
  » du 1er janvier dernier . . . . . . 26 86 ⎭

Au journal f° 123, à la date du 16 décembre 1831 et non 1832, Mme Dornier est encore débitée par le crédit de MM. Dufournel, d'une somme de 5,348 fr. 03 c., ainsi motivée :

« Mandat au 1er janvier, ordre Tramoy, pour solde de la dette
» Camille Moine. . . . . 5,348 f. 03

Ces trois articles s'élèvent ensemble à 17,598 96

Ils ont trait à la même affaire, dont voici l'historique, que les experts ont extrait :

1° De la note inscrite au journal B f° 219 (n°. 5 du relevé);

2° D'une longue note écrite sur une double feuille détachée, datée du 9 juillet 1830, et cotée 11e de la cote 114 de l'inventaire;

3° D'une lettre de Mme Dornier à M. Alexandre son fils, datée du 25 juin 1829, non signée, cote 14e de la cote 114 de l'inventaire;

4° D'une lettre de M. Alexandre à Mme Dornier, du 1er février 1829, cote 11e de la cote 114;

5° Enfin, d'une lettre de M. Bridan à Mme Dornier, du 6 février 1829, cote 1re de la cote 114.

En novembre 1827, M. Moine était débiteur envers M. Tramoy d'une

somme de . . . . 15,280 fr. 15 c.
pour laquelle ce dernier avait obtenu et fait exécuter un jugement de prise de corps contre son débiteur.

Mme Dornier intervint et s'obligea à payer M. Tramoy. De son côté, M. Moine, pour garantir le remboursement de la somme avancée pour lui, céda à Mme Dornier 54 arpents, fonds et superficie, d'un bois situé à Cubry.

Mais cette forêt fut vendue par expropriation, à la requête des créanciers de M. Moine, qui en absorbèrent le prix, de sorte que Mme Dornier est restée créancière de la somme payée par elle à M. Tramoy pour le compte de M. Moine, et dont rien dans les livres n'indique que celui-ci ait fait état à ladite dame.

N° 4 des conclusions contre Mme Moine, née Dornier.

Ce chef a pour objet une somme de 2,512 fr. 50 c., montant d'un mandat envoyé à Mme Moine.

Au journal f° 83, sous la date du 5 mai 1831, Mme Dornier est débitée par le crédit de MM. Dufournel :

« Leur mandat sur Paris au 12 mai, envoyé à Mme Camille
» Moine . . . . 2,500 »
» Commission à ce mandat . . . . 12 50 } 2,512 50

A la date du 6 mai de l'année susdite, Mme Camille Moine est débitée à son compte du livre vert f° 40, de la somme de 2,500 fr., qui représente un semestre de la pension que lui payait Mme Dornier. Il n'y aurait donc lieu de réclamer que les 12 fr. 50 c. payés aux banquiers pour la commission.

N° 5 des conclusions contre Mme Moine.

Ce cinquième chef est ainsi présenté :
« Du 7 janvier 1832, f°s 126 et 129, traites et remises sur Paris, pour
» prix d'achat de mobilier fait par Mme Moine, ci. . . . 12,000 fr. »

Il doit y avoir erreur dans l'exposé de cette demande; il n'est nulle part question sur les livres d'un achat de mobilier opéré par Mme Moine.

Mais il résulte des écritures et de la correspondance que M. Moine avait vendu à Mme Dornier un mobilier moyennant la somme de 12,000 fr., qui lui a été payée, savoir :

Le 1er janvier 1832, journal f° 126 :

« Mme Rochet, veuve Dornier,

» Doit à traites et remises :

» Pour une remise sur Paris, 28 janvier, cédée à M. Moine sur son mobi-
» lier, ci. 3,000 »

Le 7 du même mois, journal f° 129 :

» Mme Rochet, veuve Dornier, doit aux suivants, pour
» autant remis à M. Camille Moine sur son mobilier :

» A Dufournel frères, quatre mandats sur eux, à diverses
» échéances, ci. . . . . 7,000 ⎫
» A traites et remises, sur Paris au 31 mars, ci . . 2,000 ⎬ 9,000 »

» Ce qui forme un total de . . . . 12,000 »

Cette somme, avec le détail des effets, figure bien sur le livre vert au débit du compte de Mme Moine, à valoir sur son mobilier de Renaucourt; mais il n'y a au crédit aucun article formant compensation, et il sera expliqué plus loin que ce compte est resté débiteur de la somme. D'ailleurs, il résulte de la correspondance, et notamment de deux lettres des 10 et 15 novembre 1834, écrites à M. Moine, et d'une circulaire du 5 juin de la même année, envoyée à tous les enfants Dornier, que M. Moine n'a jamais livré à Mme Dornier le mobilier qu'il lui a vendu.

N° 6 des conclusions contre Mme Moine.

La réclamation faisant l'objet de ce sixième chef est ainsi formulée :

« Du 31 décembre 1819, payé par Mme Dornier à M. et à Mme Gravier,
» pour le compte de Mme Moine, 5,742 fr., ci . . . . . 5,742 fr. »

On ne trouve sur les livres aucune trace de ce paiement.

Au journal A f° 527, à la date du 1er janvier 1820, il existe bien au débit de Mme Dornier, par le crédit de traites et remises, un article de 13,621 fr. 42 c. pour différents *effets envoyés à M. Gravier, son gendre*; mais il n'est nullement question de Mme Moine; et comme M. Gravier n'a pas de compte, on ne peut pas voir s'il a payé quelque chose à Mme Moine pour le compte de Mme Dornier.

Articles en dehors des conclusions prises contre Mme Moine.

Numéro 1er du relevé.

Au journal A f° 466, sous la date du 29 juillet 1818, Mme Dornier est débitée par le crédit de M. Dunoyer-Robinet d'une somme de 550 fr. payée pour prix d'un huilier et d'une écuelle en argent pour Mme Moine.

Numéro 2 du relevé.

Au même journal A f° 468, à la date du 12 août 1818, Mme Dornier est encore débitée par le crédit de la même maison, d'une somme de 544 fr. ainsi motivée :

« Payé pour douze services d'argent pour Mme Moine, un don. »

Les deux articles qui précèdent paraissent suffisamment s'expliquer par la nature même de la dépense.

Numéro 3 du relevé :

Au même journal, encore f° 482, à la date du 9 décembre 1818, on lit un article rédigé comme suit :

« Mme Rochet, veuve Dornier, doit à Dunoyer-Robinet :

» Acquit de son mandat à vue, ordre Camille Moine, pour solde au 31 » juillet, ci . . . . 3,102 fr. 43 c. »

Le mot *solde* indique que ce paiement de 3,102 fr. 43 c. réglait une affaire ou un compte antérieur, mais les livres ne font aucune mention d'une opération à laquelle puisse s'appliquer le paiement, et comme à cette époque M. Moine n'a pas de compte sur les livres de Mme Dornier, on ne peut savoir comment a été compensée la somme ci-dessus.

Le numéro 4 du relevé n'a été porté dans ce tableau que pour mémoire. Mme Dornier recevait du fermier ce qu'elle avançait à M. Moine, propriétaire du fourneau de Renaucourt.

Les sept articles suivants ont fait l'objet des conclusions.

Le numéro 12 du relevé est le paiement d'un semestre de pension, il figure au débit du compte du livre vert f° 40.

Numéro 13 du relevé :

La somme de 4,950 fr. de cet article est au journal f° 169, à la date du 14 août 1832, au débit de Mme Dornier, par le crédit de MM. Dufournel, pour son mandat 25 août, ordre Camille Moine. . . . . . 4,950 fr.

Cette somme ne se trouve pas au compte du livre vert, le seul qui existait alors, et la pension de Mme Moine pour la susdite année 1832 lui a été payée, d'après le journal de l'usine, le 14 mai et le 15 décembre de cette année ; les mêmes articles sont au livre vert, aux dates des 11 mai et 14 décembre.

Conséquemment on ne découvre pas la cause du mandat dont il s'agit, et l'on ne voit pas que Mme Moine ait fait état de son montant à Mme Dornier.

Le numéro 14 du relevé concerne précisément le dernier semestre de la pension de 1832 dont il vient d'être parlé.

Article au débit de MM. Dornier frères et beaux-frères, relatif aux époux Moine.

Au journal f° 37, sous la date du 16 septembre 1835, se trouve un article ainsi conçu :

« MM. Dornier frères et beaux-frères doivent à MM. Dufournel, de Gray :
» Pour autant qu'ils ont compté au sieur Colin, qui en a fait remise à M. Louis, et ce dernier les a comptés à M. et Mme Moine, sur leur récé-
» pissé, le 17 septembre courant, 6,000 fr., ci . . . . . 6,000 fr. »

Ensuite de cet article, il a été ouvert au grand livre f° 215, un compte au nom de MM. Dornier frères et beaux-frères, et la somme de 6,000 fr. y a été portée au débit.

Pendant trois années de suite, la même somme est restée ainsi, et a été comprise aux inventaires dans les créances actives ; mais, à la date du 30 avril 1838 sur le grand livre, et à celle du 27 mai sur le journal, ce compte a été soldé en débitant Mme Dornier par le crédit de MM. Dornier frères et beaux-frères, avec cette simple indication :

« Pour balancer leur compte. »

D'après ces écritures, les époux Moine ont reçu 6,000 fr. sans cause exprimée, et l'on ne voit nulle part qu'ils en aient tenu compte.

Le compte ouvert sur le livre vert à Mme Moine, f°s 40 et 41, et dont il a déjà été parlé, a paru aux experts mériter un examen spécial.

En additionnant les sommes du débit sans tenir compte de la balance intermédiaire du 16 juillet 1832, on arrive à un total de, ci . . 59,688 55

Si aux sommes portées au crédit et s'élevant à 32,000 fr., qui se composent uniquement des termes de la pension payée à Mme Moine, jusques et y compris l'année 1834, on ajoute les termes échus depuis cette date pendant la durée du compte, jusques et y compris l'année 1839, on obtient un total de, ci 47,050 »

De sorte qu'il reste au débit une différence de 12,188 55

Laquelle différence se compose de 12,000 fr., prix du mobilier de Renaucourt, dont il a été parlé précédemment, ci . . . . . . 12,000 »

De 188 fr. 55 c. que M. Caillotet a payés à l'avoué Prélat dans le procès avec Mme Dornier, suivant quittance à M. Voillard, n°s 19 et 20, le 31 mars 1836, ci 188 55

Somme égale. 12,188 55

On ne peut découvrir sur les livres la suite du compte, et rien ne peut faire connaître si et comment le solde ci-dessus a été couvert.

Succession de M. Dornier aîné.

Le seul chef des conclusions contre M. Dornier aîné est ainsi formulé :
« En septembre 1817, f° 425 du journal, 4,000 fr. montant d'un mandat
» sur Dunoyer, à l'ordre de M. Dornier aîné. . . . . . 4,000 fr. »

Au journal A, à la date du 5 septembre 1817, Mme Dornier est en effet débitée par le crédit de M. Dunoyer-Robinet de 4,000 fr. pour son mandat ordre Dornier aîné, à dix jours de vue, ci . . . . 4,000 fr.

Il n'y a pas d'autres explications, et comme à cette époque M. Dornier aîné n'avait pas de compte ouvert, rien n'indique la cause de ce paiement, et rien ne démontre que M. Dornier ait fait état de la somme à sa mère.

Affaire Contenet.

L'affaire que les experts vont présenter n'a pas été signalée dans les conclusions, et il ne paraît pas qu'il en ait été question au procès.

Il existe dans les papiers mis à la disposition des experts une transaction, en date du 7 août 1829, consentie entre M. Anatoile Contenet, de Renaucourt, et Mme veuve Dornier, au moyen de laquelle a été terminé un procès commencé en l'an XII de la République, et qui aurait pour cause une indemnité réclamée par les héritiers Contenet pour des minerais extraits dans leurs propriétés par M. Claude-Pierre Dornier père.

Dans cette transaction, Mme Dornier s'obligeait à payer aux héritiers Contenet la somme de 1,600 fr. pour la moitié de l'indemnité stipulée et qui tombait à sa charge, ci 1,600

Plus celle de 480 fr. pour les parts et portions de ses trois enfants, M. Auguste Dornier et Mmes Lejeas et Gravier, ci 480

Ensemble, ci. 2,080

Mais, d'après le reçu de M. Contenet, en date du 7 août 1829, faisant suite à la transaction, il lui a été remis en un mandat sur Gray la somme de 2,400 fr., motivée, tant pour la portion de Mme Dornier que pour les parts et portions de MM. Auguste Dornier, Louis Dornier, Joseph Dornier, et MM. de Lejeas et Gravier, ses gendres, au moyen de quoi, est-il ajouté, tous les dénommés ci-dessus sont définitivement libérés.

En effet, au journal B f° 303, à la date du 28 août 1829, Mme veuve Dornier est débitée, par le crédit de M. Maillard-Grosbas, de la somme de 2,400 fr. en ces termes :

« Acquit de mon mandat Contenet, pour solde de toutes les réclamations
» concernant le procès qu'il a eu anciennement avec M. Dornier, pour mines
» extraites dans ses propriétés, 2,400 fr., ci . . . . . . 2,400 »

A reporter. . . 2,400 »

Report. . . 2,400 »

De plus, au journal B f° 27, à la date du 6 septembre 1830, Mme Dornier est encore débitée par caisse de 12 75
« remis à M. Bridan pour l'avoué, dans l'affaire Contenet. »

Ensemble 2,412 75

Ensuite de ce qui précède, le chiffre total de l'indemnité consentie envers M. Contenet était de 3,200 fr., dont la moitié (soit 1,600) devait être supportée par les enfants Dornier, ci . . . . 1,600 »

Ils devaient supporter aussi moitié des frais payés, c'est-à-dire 6 fr. 37 c., ci 6 37

Ensemble. 1,606 37

Conséquemment, il a été payé par Mme Dornier, pour chacun de ses enfants ci-dessus dénommés, MM. Auguste, Louis et Joseph, et Mmes Lejeas et Gravier, le dixième de cette somme, ou 160 fr. 63 c., et rien dans les livres ne fait même présumer qu'ils en aient fait état à leur mère.

Conclusions reconventionnelles de M. Auguste Dornier.

Les experts ont pensé qu'ils devaient aussi s'occuper de ces conclusions, en tant qu'elles se résumaient par des chiffres, et qu'ils auraient à consigner dans leur travail des sommes qui, relevées sur les livres, pourraient contribuer à poser des bases pour la décision à intervenir.

1° Il n'existe rien, et il ne pourrait rien exister sur les livres concernant la soulte de 7,676 fr. 14 c., réclamée avec les intérêts par M. Auguste Dornier à M. Alfred Dornier personnellement.

2° Les livres n'expliquent pas si et comment M. Auguste Dornier a été remboursé de la somme de 30,000 fr. qui lui a été constituée par son contrat de mariage du 19 février 1832, mais à la date du 21 janvier 1844, il a été crédité à son compte courant d'une somme de 12,000 fr. pour les intérêts de huit années échues au 20 février 1844, sur la susdite somme de 30,000 fr.

Ainsi, d'après cet article, les intérêts ne doivent plus courir que du 20 février 1844, et non du mois de février 1843, comme le dit M. Auguste Dornier dans ses conclusions.

3° Cet article se rapporte à la cession faite par M. Auguste Dornier à sa mère de ses créances sur MM. Pierre Clerc et Nicolas Morel, de Vaîte; sur M. Baulard, d'Oyrières, et sur M. Cochois, de Dampierre.

Ces créances, qui s'élèveraient ensemble à la somme de 59,147 fr. 98 c., consistaient, d'après la copie d'un traité sous seing-privé en date du 2 mai 1828 trouvée parmi les papiers, dans les prix de vente du domaine de M. Auguste sur le territoire de Dampierre.

Un compte relatif à ces créances a été ouvert au petit livre vert f° 26. Le débit, qui se compose de tous les termes dus par les acquéreurs depuis 1829 à 1838 inclusivement, s'élève bien à la somme de 59,147 fr. 98 c., montant de la cession; et le crédit, qui comprend les différents paiements effectués par les mêmes acquéreurs, constate qu'ils se sont entièrement libérés en principal et intérêts.

Aux termes du traité sus-rappelé, M. Auguste Dornier ne pouvait exiger le capital qu'à la mort de sa mère; mais il devait en recevoir l'intérêt, à raison de 6 p. 0/0, à *partir des diverses époques du recouvrement.*

Par un second traité, en date du 16 juin 1828, dont la copie est jointe à celle du premier, il a été stipulé que, pour tenir lieu des intérêts qui devaient être payés dans la proportion des rentrées, et attendu l'insuffisance des revenus de M. Auguste, Mme Dornier constituait à ce dernier une pension annuelle de 3,000 fr., payables à chaque 15 juillet et à commencer par l'année 1828.

Il était encore dit qu'à la mort de Mme Dornier, sa succession rembourserait à M. Auguste le montant des sommes alors recouvrées sur celles qui lui avaient été cédées.

Ainsi, au décès de Mme Dornier, qui a eu lieu en 1844, le 21 janvier, la pension a dû cesser, et M. Auguste Dornier est resté créancier de la succession du principal ci-dessus, qui avait été complétement recouvré, ci . . . . 59,147 fr. 98 c.

Cependant, dès le mois d'avril 1840, M. Auguste avait reçu une somme de 40,000 fr. à valoir sur ce capital, plus 1,500 fr. pour les intérêts de neuf c'est-à-dire du 15 juillet 1839 au 15 avril 1840, sur ladite somme de 40,000 fr.

L'article est passé de la manière suivante au journal f° 240, à la date du 15 avril de la susdite année :

« Mme Dornier doit à divers :

» A Dufournel frères, mon mandat au 15 courant, au profit de M. Auguste
» Dornier, à valoir sur ce qu'elle lui doit, suivant traité entre eux, pour ces-
» sion de ce qui lui restait dû sur son domaine de Dampierre, ci   20,000 fr.

» A Bretillot et Cie, le 13 avril, pour même cause, 20,000 fr.,
» ci . . . .   20,000 fr.

                      » Ensemble. . . . . . .   40,000 fr.

» Pour intérêts des 40,000 fr. ci-dessus, du 15 juillet der-
» nier au 15 courant, ci . . . .   1,500 fr. »

Ainsi, à cette date, il ne revenait plus à M. Auguste, sur la somme de 59,147 fr. 98 c., que celle de 19,147 fr. 98 c., laquelle était productive d'intérêts depuis le 15 juillet 1839.

Et en effet, d'après les livres, il a été compté à M. Auguste Dornier, chaque année, mais à des époques différentes, jusqu'au 15 juillet 1844 inclusivement, une somme de 1,000 fr. portée au débit de Mme veuve Dornier, et motivée à M. Auguste pour l'intérêt du capital lui restant dû sur son domaine de Dampierre, suivant traité entre lui et sa mère.

Il paraît que pour ces intérêts on sera parti de ce point que la pension constituée par la mère étant de 3,000 fr., le capital devait être de 60,000 fr., et que M. Auguste ayant reçu un premier à-compte de 40,000 fr., il lui en restait encore dû 20,000. Or, nous venons de voir qu'il ne lui revenait plus que 19,147 fr. 98 c., dont les intérêts annuels ne devaient s'élever qu'à, ci . . . .   957 fr. 39

Attendu qu'il a reçu 1,000 fr. par an, il doit tenir compte de la différence de, ci . . . .   42 fr. 61

A partir du paiement de 1,000 fr. effectué le 15 juillet 1844, il n'est plus question sur les livres des intérêts dont il s'agit. Conséquemment, la différence de 42 fr. 61 c. n'existerait que pour les cinq années 1840 à 1844 inclusivement, et formerait un total de . . . . 213 fr. 05

Dans cette position, M. Auguste Dornier aurait à réclamer la somme de 19,147 fr. 98 c. avec les intérêts depuis le 15 juillet 1844.

Leur travail ainsi terminé, les experts ont fixé au lundi 8 juin 1857 la réunion des parties, à l'effet de leur donner lecture de leur rapport et recevoir leurs dires et réquisitions.

Et ledit jour, dans la chambre de la maison Bour, louée par la famille Dornier pour y déposer les livres et papiers de la mère et dans laquelle les experts ont opéré, se sont présentés, à neuf heures du matin, seulement M. Barat, avoué de M. Auguste Dornier, et M. Sauzay, avoué de M. Guillaume et de Mme veuve Moine, née Dornier, lesquels se sont bornés à déclarer aux experts, au nom de leurs clients, qu'ils n'entendaient par leur présence donner aucune approbation au rapport qui venait de leur être communiqué, faisant au contraire toutes protestations et réserves de droit, dans l'intérêt de leurs clients, ajoutant en outre, M. l'avoué Sauzay, qu'il avait charge de la part de M. Jean-Charles dit Alfred Dornier, de faire pour lui et en son nom les mêmes protestations et réserves, ce dont il leur a été donné acte.

Après quoi les experts ont dû s'occuper de la clôture de leur procès-verbal, mais auparavant ils ont reconnu qu'ils rendraient leur travail plus complet en le terminant par la récapitulation des articles dont la cause n'a pas été motivée d'une manière précise et incontestable, ou dont le remboursement n'a pas été justifié par les livres. Ils ont d'ailleurs pensé que ce classement rendrait plus commode l'examen de leur travail. Le même ordre a été suivi dans ce résumé que dans le corps du travail général.

RÉCAPITULATION.

M. Alexandre-François-Bernard Dornier.

Numéro 3 des conclusions :		
Paiement par MM. Dornier frères, ci	30,150	»
Numéro 8 desdites conclusions :		
Effet non payé,	5,216	»
Numéro 11 desdites conclusions :		
Paiement constaté irrégulièrement,	4,522	23
En dehors des conclusions :		
Art. 1er. Solde de son compte avec M. Gibaut, de Dole, de 24,140 livres 8 sous, réduit à 14,630 livres 9 sous, faisant en francs, ci	14,449	76
Art. 7. Solde de son compte porté au débit de la mère, ci	1,673	40
Dornier frères. Solde de leur compte laissé à leur débit, ci	206	45
Ensemble,	56,217	84
D'un autre côté, les erreurs suivantes ont été constatées à son préjudice :		
Affaire Springaux, dont il aurait été débité en trop, ci	575	47
Succession de Victor, dont il aurait été débité en trop, ci	1,810	88
Ensemble,	2,386	35

M. Joseph Dornier.

Numéro 5 des conclusions :		
Erreur de calcul d'intérêt, ci	468	»
En dehors des conclusions :		
Art. 1er. Pour un versement, ci	2,000	»
Art. 2. Pour un versement, ci	1,200	»
Affaire Contenet : sa part d'indemnité,	160	63
Ensemble,	3,828	63

M. Louis Dornier.

Numéro 1ᵉʳ des conclusions :		
Pour une remise, ci	3,000	»
Numéro 2 desdites conclusions :		
Pour trois remises, ci	5,000	»
Numéro 3 desdites conclusions :		
Pour un mandat sur Gray,	5,000	»
Numéro 4 desdites conclusions :		
Pour un mandat sur Gray, ci	5,000	»
En dehors des conclusions :		
Art. du livre vert, au lieu de 1,550 fr., reste pour du regain, ci	50	»
Affaire Contenet : sa part d'indemnité,	160	63
Ensemble,	18,210	63

La question des 60,000 fr. dont la mère s'était déclarée débitrice, restant entière.

M. Auguste Dornier.

Numéro 7 des conclusions :		
Pour fer livré, ci	100	80
Numéro 10 des conclusions :		
Paiement pouvant concerner sa pension, ci	3,000	»
Numéro 11 des conclusions :		
Remise à M. A.... sans autres désignations, ci	1,300	»
Numéros 13 et 14 des conclusions :		
Remises auxquelles est opposée une quittance, ci	8,000	»
Numéro 15 des conclusions :		
Souscription à l'emprunt. — Quittance opposée, ci	3,000	»
Numéro 16 des conclusions :		
A reporter. . .	15,400	80

Report. . .	15,400	80
Achat d'une montre et de sa chaîne, ci	800	»
Numéros 17 et 18 desdites :		
Deux effets payés pour son compte,	2,400	»
Numéro 19 des conclusions :		
Deux remises auxquelles est opposée quittance, ci	6,000	»
Numéro 21 desdites :		
Livraison de fer,	421	05
Numéro 22 id.,		
Paiement d'un mandat auquel est opposée quittance, ci	1,453	»
Numéro 23 id. :		
Livraison de fer,	396	»
Numéro 24 id. :		
Traite acquittée pour son compte,	476	»
Numéro 25 id. :		
Livraison de bois,	210	»
Numéro 29 des conclusions :		
Livraison de fer,	554	»
Numéro 30 id. :		
Paiement de vin pour son compte, ci	600	»
Numéro 31 id. :		
Paiement de vin pour son compte, ci	298	»
En dehors des conclusions :		
Article spécial. Erreur présumée sur le prix de sa propriété de Dampierre, ou double emploi sur les intérêts, ci	3,600	»
Article 4 du relevé. Livraison de fer, ci	78	»
Article 6 du relevé. Effet de Dornier puîné, encaissé par Auguste,	3,500	»
Articles 9 et 10 du relevé. Livraison de bois, ci	201	»
Article 12 du relevé. Traite payée pour son compte, ci	1,439	»
Article 18 du relevé. Traite payée pour son compte, ci	292	»
Article 19 du relevé. Livraison de bois, ci	196	»
A reporter. . .	38,314	85

Report. . .	38,314	85
Article 37. Traite payée pour son compte, ci	93	»
Article du livre vert. Récépissé sur Lafournière, auquel est opposée une quittance de la mère, ci	9,000	»
Affaire Contenet : sa part d'indemnité,	160	63
Conclusions reconventionnelles :		
Erreur sur les intérêts à lui payés,	213	05
Ensemble,	47,781	53

Madame de Lejeas, née Dornier.

Numéro 3 des conclusions :		
Excédent de pension,	800	»
Numéro 4 desdites conclusions :		
Espèces à Dijon,	503	»
Numéro 5 desdites conclusions :		
Espèces à Dijon, ci	2,000	»
Numéro 8 id. :		
Livraison de fer à M. de Lejeas,	773	36
Numéro 10 id. :		
Livraison de fer à M. de Lejeas, d'Aiserey, ci	493	»
En dehors des conclusions :		
Art. 12 du relevé. Excédant sur sa pension, ci	1,900	»
Article au nom de M. Lejeas aîné. Prêt à M. Lejeas, mandat sur Dijon, ci	8,000	»
Affaire Contenet : sa part d'indemnité, ci	160	63
Ensemble,	14,629	99

Madame Camille Moine.

Numéros 1, 2 et 3 des conclusions :	
Paiement à M. Tramoy, ci	17,598 96
Numéro 4 des conclusions :	
Commission sur paiement de pension, ci	12 50
Numéro 5 des conclusions :	
Prix de son mobilier, ci	12,000 »
En dehors des conclusions :	
Art. 3 du relevé. Mandat sur Dijon pour solde,	5,102 43
Art. 13 dudit. Mandat sur Gray, ci	4,950 »
Compte de Dornier frères et beaux-frères :	
Versement aux époux Moine,	6,000 »
Livre vert.	
Solde du compte, non compris le prix du mobilier ci-dessus, ci	118 55
Ensemble,	43,852 44

Succession de M. Dornier aîné.

Article unique. — Mandat sur Dijon, ci   4,000 »

Et le mardi 9 juin 1857, les experts, après avoir dressé le résumé qui précède, ont clos leur procès-verbal, pour lequel ils ont employé, savoir :

1° Pour leur prestation de serment, chacun une vacation, soit ensemble trois vacations, ci   3

2° Pour le dépouillement des livres et papiers, recherches

                A reporter. . . .   3

Report...	3

dans la correspondance et les titres, chacun soixante-sept vacations, formant ensemble deux cent une vacations, ci — 201

3° Pour l'examen des notes prises au dépouillement des livres et papiers, le classement et le triage desdites notes, chacun quarante-cinq vacations, ensemble cent trente-cinq vacations, ci — 135

4° Pour la rédaction par M. Boussey, l'un des experts, du travail préparatoire, quarante-une vacations, ci — 41

5° Pour le complément de rédaction et la mise au net sur papier timbré du présent rapport, par M. Bergeret, l'un des experts, quarante-sept vacations, ci — 47

6° Pour collationner le rapport et pour la séance destinée à sa lecture aux parties, chacun trois vacations, ensemble neuf, ci — 9

7° Pour l'enregistrement et le dépôt au greffe par l'un des experts, une vacation, ci — 1

Total, vacations, 437

Il a, en outre, été dépensé par M. Boussey, l'un des experts :

1° Pour achat de bois de chauffage, les experts ayant dû opérer dans la chambre de la maison Bour, où sont déposés les livres et papiers de la famille Dornier, ci — 14 »

2° Pour location d'un poêle, pour la même cause, chez M. Boichu, marchand de fer, ci . . . . 6 »

3° Port de registres demandés à M. Humbert, liquidateur de la maison Dornier, et ports de lettres. 3 60

4° Pour les vingt feuilles de papier timbré employées au présent rapport, à 1 fr. 25 c. la feuille, ci . . . . 25 »

Ensemble. 48 60

Plus les droits d'enregistrement et les droits de dépôt au greffe.

Fait, clos et signé le 9 juin 1857.

Signé Jean-Baptiste BERGERET, BOUSSEY
et Joseph GAUDEMET.

En marge est écrit :

Enregistré à Gray le 12 juin 1857, f° 163 recto, c. 7, reçu deux francs et quarante centimes de décime.

Signé JEANNENOT.

Pour expédition conforme :

Le greffier,

Signé MORAINVILLE.

Enregistré à Gray le 27 juin 1857, f° 97, c. 3, reçu cent trente-sept francs soixante-dix centimes. Dû au greffier quarante-cinq francs quatre-vingt-dix-centimes.

Signé JEANNENOT.

BESANÇON, IMPRIMERIE DE J. JACQUIN.

www.ingramcontent.com/pod-product-compliance
Lightning Source LLC
LaVergne TN
LVHW052107090426
835512LV00035B/1303